AF235549

Haiku heute

# Quarantäne unter Sternen
## Haiku-Jahrbuch 2021

Volker Friebel

Edition Blaue Felder, Tübingen

# Merkmale von Haiku[1]

**Kürze:** Haiku werden meist in drei Zeilen gesetzt.
**Gegenwärtigkeit:** Haiku sind in der Gegenwart. Wenn andere Zeiten vorkommen, dann sind es Erinnerungen oder Zukunftsfantasien, die jemand in der Gegenwart hat.
**Konkretheit:** Haiku stellen Sachverhalte oder Erlebtes konkret dar, sinnlich miterlebbar.
**Externe Orientierung:** Haiku beschäftigen sich fast immer mit der äußeren Welt, weniger mit den Vorstellungen des Dichters.
**Offenheit:** Nach dem Lesen sollte ein Nachhall, etwas Ungesagtes, offen Gelassenes bleiben.
**Endreime und Überschriften** gibt es nicht.

*Haiku heute* ist ein Projekt zur Förderung des deutschsprachigen Kurzgedichts. Die Netzpräsenz www.Haiku-heute.de erstellt aus den dort eingereichten Texten Monatsauswahlen. Die Jahrbücher versammeln davon die interessantesten Haiku jedes Jahres, ergänzt durch nur für das Jahrbuch eingereichte Haiku und weitere Texte.

Die Mehrzahlbildung folgt der Muttersprache aller Menschen, Bären und Schmetterlinge.

Edition Blaue Felder, Volker Friebel,
Denzenbergstraße 29, 72074 Tübingen (Deutschland)
www.Volker-Friebel.de

© 2022, Volker Friebel
Herstellung und Verlag: BoD - Books on Demand, Norderstedt
ISBN: 9783755791621

Redaktion, Gestaltung, Foto: Volker Friebel
Veröffentlichung: März 2022

---

1 Nach: Volker Friebel (2019): Das Haiku. Grundwissen – Vertiefungen – der Horizont. Edition Blaue Felder.

# Inhalt

# Einführung

Seit dem Jahr 2003 begleitet unser Jahrbuch die Entwicklung des Haiku deutscher Sprache.[4] Das ursprünglich aus Japan stammende Gedicht ist in den Literaturen der Welt heimisch geworden.

In dieser 19. Ausgabe finden sich 598 Haiku von 129 Autoren sowie sechs Tan-Renga (zweigliedrige Kettengedichte), die im Jahre 2021 geschrieben oder erstmals veröffentlicht wurden. Sie stehen als gute Beispiele für das gegenwärtige deutschsprachige Haiku. Ob klassisch oder avantgardistisch orientiert – die ganze Spanne der gegenwärtig vorhandenen Stile ist vertreten.

In dieser Einführung werden Eigenarten des Haiku an ausgewählten Texten beleuchtet.[5] Das soll auch für das Lesen von Haiku sensibilisieren. Eine so konzentrierte Form will auch in der Tiefe gelesen werden.

Der folgende Hauptteil des Buchs enthält die aufgenommenen Texte, aufgeführt unter den alphabetisch gesetzten Autorennamen. Die Texte stammen vor allem aus der Netzpräsenz *Haiku heute*, die monatlich eine Auswahl der besten eingereichten Texte erstellt, sowie aus den Publikationen der Deutschen Haiku-Gesellschaft (Zeitschrift *Sommergras*), der Netzpräsenz *Chrysanthemum*, die halbjährlich eine zweisprachige Auswahl anbietet, aus weiteren Quellen sowie aus direkt für dieses Jahrbuch eingereichten Texten.

Nach dieser großen Haiku-Sammlung folgen als Sonderbeiträge eine Sammlung Kurzgedichte von Hubertus Thum sowie sechs Tan-Renga.

Ein letztes Kapitel, „Das Haiku-Jahr", bietet eine Kurzfassung davon, was sich 2021 im deutschspra-

---

4  Siehe die letzte Buchseite.
5  Eine Kurzfassung der Regeln des Haiku steht auf Seite 2.

chigen Kurzgedicht getan hat. Am Schluss steht das Autorenverzeichnis.

Alle Texte wurden durch Volker Friebel ausgewählt, kritisch unterstützt durch Elisabeth Menrad. Alle Prosa ohne Verfasserangabe stammt von Volker Friebel.

Die Merkmale von Haiku sind Kürze, Gegenwärtigkeit, Konkretheit, externe Orientierung, Offenheit (siehe Seite 2). Sie erschließen sich am besten durch gute Beispiele. Die folgenden Besprechungen stellen einiges von dem heraus, worauf es beim Haiku ankommt – und was sich aus Regeln und dem Spiel mit ihnen machen lässt.

## Zusammen

Großmutter liest vor
die Kinder mucksmäuschenstill
auch der Hund

Ein klassisch anmutendes Haiku von Friedrich Winzer. Einfache, verständliche Sprache, Kürze im natürlichen Sprachfluss, Bildhaftigkeit, eine klar erkennbare Situation. Wohl jeder wird sofort ein entsprechendes Bild vor dem inneren Auge entstehen sehen.

Zwar fehlt ein Wort, das die Zeit fixiert, japanisch: ein Jahreszeitenwort. Aber wir werden, wenn wir es ganz klassisch haben möchten, das Vorlesen durch die Großmutter sofort in einen langen Winterabend verlegen können, wenn es draußen dunkel ist und die Kinder ins Haus müssen, aber noch nicht müde sind.

Das Besondere, das Berührende an diesen Versen ist der Schluss. Auch wenn, so wie es gegenwärtig die meisten Autoren handhaben, keine Satzzeichen verwendet werden, verlangt er doch eine deutliche

Sprechpause nach den beiden ersten Versen. Diese letzte Zeile ist auch kürzer als die beiden Zeilen davor: drei Silben nur. Diese Kürze verstärkt das Überraschende der Aussage noch.

Die großen Augen der Kinder – die großen Augen des Hundes, der die Schnauze vielleicht auf seine ausgestreckten Pfoten gelegt hat und der Stimme der Großmutter lauscht, den Blick auch mal zu einem der Kinder schweifen lässt, und der allen zeigt, dass das, was sich ereignet, wenn wir zusammen sind, nicht bloß eine Sache der Sprache und des Intellekts ist, sondern nicht weniger des Gefühls. Des Gefühls, das keine Sprache und keine blitzende Intelligenz braucht und doch zu dem zählt, was uns als Menschen ausmacht. Der Hund wird ganz selbstverständlich miteinbezogen, als einer der Lauschenden – auch wenn er vermutlich kein Wort versteht.

Noch wichtiger als das Kennenlernen der alten Märchen und Mythen des Menschen, vom Prinzen, vom Lebkuchenhaus, von den zertanzten Schuhen, vom Aschenbrödel, von Frau Holle, von Liebe, von Streit, von Reichtum und Glück, ist das Miteinander, das im Lauschen erlebt wird, in dem alle Unterschiede zwischen Kindern und Hunden und großen Menschen verschwimmen in dem, was uns alle verbindet.

Dichtung kann vieles, und alles kann zu seiner Zeit seine Berechtigung haben, die Harmonisierung der Gesellschaft wie auch der Aufruf zum Kampf, das Aufzeigen des Hässlichen wie des Schönen, die Sensibilisierung für das Kleine, Unscheinbare wie die Beschäftigung mit den großen Worten von Himmel und Erde. Wenn sich darunter nur immer wieder auch Texte finden, die das betonen, was uns alle verbindet und die zeigen, dass wir trotz aller großen Unterschiede so verschieden nicht sind.

## Natur und Kultur

Wegwartenblau.
Ein Acker liegt gepflügt
in der Stille.

In einer Stille, die nicht gestört wird vom Tuckern des Traktors und nicht vom gelegentlichen Laut eines Vogels, nicht einmal vom Grollen eines Flugzeugs, im Himmel mit seinem anderen Blau.

Ich habe diesen Text und Texte dieser Art durch die Jahrzehnte schon zu Hunderten und Tausenden geschrieben. Darf das nicht immer wieder sein? In die Natur gehen wir auch immer wieder, ohne dass jemand an den Wiesen und Bächen „schon bekannt" seufzt und nach neuen Arten von Gewässern und Landschaften ruft.

Aber genau das weist vielleicht auf einen Unterschied zwischen der Natur und der Welt des Menschen, unserer Welt, hin.

Wenn sich die Blätter färben, geschieht das ohne Rückgriff auf ein schon Erlebtes, schon Formuliertes, in die Welt schon Hineingebrachtes. Es ist ganz neu, jedes Jahr wieder ganz neu, weil es unmittelbar aus den Quellen geschieht.

Anders die Kultur. Sie bezieht sich nicht nur unmittelbar auf ein Ursprüngliches, sondern auch auf das, was ihr selbst jeweils vorausläuft. Sie hat eine Geschichte.

Die Natur dagegen, obgleich auch sie sich verändert, obwohl selbst die Linien der Berge sich bewegen, obwohl Meere austrocknen und die Gewalt der Kontinentaldrift versteinerte Muschelschalen hoch in den Himmel hebt, ereignet sie sich im Blühen der Blumen, im Fließen der Bäche, im Ruhen der Seen immer geschichtslos und unmittelbar neu.

Ist nicht die Lyrik ein Kind beider Welten? Sollte sie nicht auch aus den Quellen stammen und nicht nur ein geschichtlicher Augenblick im Strömen einer Kultur sein?

Vermutlich. Vermutlich liegt das Problem der Wiederholung und des Seufzens wegen der Wiederholung gar nicht beim Dichter, sondern beim Leser. Denn noch nicht unbedingt beim Dichten, aber beim Lesen, wird Dichtung Kultur, wird damit Geschichte und unterliegt dann den Regeln dieser Kultur.

Ein weiteres Problem: Der Wegwarten-Text ist ein bloßes Naturbild. Auch wenn ein Acker streng genommen Kultur ist und „Stille" ein abstraktes Wort, jedenfalls hier.

Es ist ein Haiku über Natur, in seinen konkreten Begriffen, dem Blau der Wegwarten und dem gepflügten Acker, der von Menschen bestellt worden ist, nun aber einfach nur noch er selbst ist und seine Möglichkeiten in seinem gegebenen Raum ganz ausschöpft. Menschen kommen nicht vor. Und ein Bezug des Textes zum Menschen ist nur schwer herstellbar.

Weshalb sollten Leser Texte lesen, die sie nichts angehen? Wegen der Sprache vielleicht oder wegen der harmonisierenden Wirkung von Natur. Weshalb wir zu den Sternen schauen, die, unerreichbar fern, uns auch nichts angehen und trotzdem oder gerade deswegen etwas mit uns zu machen vermögen.

Wohl alle Haiku, von denen wir uns angesprochen fühlen, haben allerdings mit uns, haben mit Menschen zu tun. Der Mensch ist deshalb auch in den meisten gern gelesenen Haiku direktes Thema. Oder die Natur wird in der Art einer Parabel benutzt, um etwas über den Menschen auszusagen.

Haiku ohne einen solchen Bezug zum Menschen sind möglich. Dass sie Leser ansprechen, ist allerdings weniger wahrscheinlich.

Es reicht deshalb nur selten aus, einfach eine Beobachtung in der Natur hinzustellen. Wenn so etwas geschieht, stellen sich Fragen: Ist der Text offen für den Leser, für unsere Menschlichkeit? Lässt er den Leser sich selbst erkennen oder etwas von ihm?

Einfach objektiv hingesetzte Natur lässt das kaum zu. Die Natur kennt den Menschen nicht.

Die „Moral von der Geschicht" an den Schluss zu stellen oder überhaupt irgendwie direkt anzusprechen, wirkt allerdings plump. Ein Raum aber sollte da sein, sollte irgendwie angestoßen, zum Schwingen gebracht worden sein, in dem der Leser den Text zu seinem eigenen machen kann, in dem er selbst diese Beziehung zu sich und seinen persönlichen Themen herstellen kann.

Natürlich wird nicht jedes Haiku, das einen Menschen anspricht, auch von allen anderen Menschen entsprechend aufgenommen. Das Haiku ist dasselbe, aber die Leser sind verschieden, haben unterschiedliche Vorerfahrungen, Vorlieben, eine etwas anders geartete Sensibilität, sind in mehr oder weniger verschiedenen Kulturen aufgewachsen und von denen unterschiedlich gefärbt worden.

Eigentlich ist es ein kleines Wunder, wenn zwei Menschen bei der Beurteilung eines Textes übereinstimmen. Dass es häufig dennoch geschieht, in der Zustimmung wie in der Ablehnung, ist das, womit der Autor arbeiten kann.

# Der Atem des Rehs

Friedwald
im Lauschen des Rehs
unser Atem

Im Haiku von Petra Fischer fällt die Sparsamkeit auf. Es sind keine auffälligen Kontraste gesetzt. Einer schon, aber er wirkt zunächst eher verhalten: „Friedwald" und „Atem". Im Friedwald liegen die Toten. Die Dichterin und wir Leser aber atmen. Das lauschende Reh steht dazwischen. Zu lauschen macht still, macht auch das Lebendige still.

Das Haiku besteht aus 11 Silben. Das ist wenig im Vergleich zu den 17 Silben, die als Höchstgrenze für ein Haiku gelten. Läge es nicht nahe, mit diesem Guthaben an Silben den Text deutlicher zu machen?

Weshalb ist es ungünstig, zu viele Wörter in ein Haiku zu setzen? Ich denke, weil wir uns nicht viel merken können, nur etwa fünf Begriffe. Werden es mehr, haben wir sie nicht mehr im Bewusstseins-Augenblick, können uns deshalb kein geschlossenes Bild daraus machen.

Zwei Hauptbegriffe, noch ein, zwei, höchstens drei weitere Wörter (Artikel und Bindewörter nicht mitgerechnet), das dürfte das Optimum zur Herstellung eines eigenen stimmigen Bildes aus den Versen sein. Was darüber hinausgeht, ergänzt nicht, sondern stört, weil wir Energie aufwenden müssen, es im Augenblick zu halten und außerdem noch in ein stimmiges Ganzes mit den anderen Begriffen zu integrieren.

Deshalb heißt es: Ein Haiku sollte so kurz wie möglich sein. Aber so lang wie nötig. Telegrammstil macht sich selten gut.

Reichen die sieben gesetzten Wörter in diesem Text aus? Für was? Was die Dichterin uns mit ihrem Text sagen möchte, wissen wir nicht und es ist auch nicht wichtig. Literarische Texte dienen nicht der Kommunikation zwischen zwei Menschen, sie sind keine Briefe. Wichtig ist, ob uns die Verse etwas sagen, ob sie unser Leben bereichern – mit einem Lichtstrahl, mit einer Erkenntnis, mit einem Blick dorthin, wo wir sonst nicht hinsehen, mit einer Verfeinerung unserer Sensibilität.

Wir beobachten ein Reh. Ein Reh, das gerade noch geäst hat, nun aber den Kopf hebt, die Ohren spitzt und lauscht. Misstrauisch geworden vielleicht von einem Knacksen im Unterholz, vielleicht von einem Duft im Wind, von unserer Gestalt, die es undeutlich zwischen den Stämmen erkennt und nur mit den Augen alleine nicht zuordnen kann. Unsere eigenen Bewegungen haben aufgehört, unser Herzschlag wird etwas beschleunigen, unser Atem aber leiser werden, tiefer. Wir lauschen auf das lauschende Reh, nähern uns ihm damit an, werden ein wenig wie es selbst.

Was mit unserem Atem, was mit uns selbst geschieht, steht nicht im Text, es wird mit „unser Atem" nur angedeutet, aber nicht ausgeführt. Herauszufinden, was mit uns geschieht, dazu sind wir Leser angesprochen. Hier liegt die Offenheit des Textes.

Die noch weitergeht. Denn eigentlich sehen wir erst nur das Reh. Unseren Atem nehmen wir normalerweise gar nicht wahr. Er ist immer vorhanden, er ist selbstverständlich. Selbstverständliches blenden wir normalerweise aus. Unsere Sinne sind dafür gemacht, auf Veränderungen zu reagieren, nicht auf das Selbstverständliche, die Statik, das Hintergrundrauschen.

Wenn wir nun aber ganz still werden, vor dem lauschenden Reh, dann fällt uns vielleicht unser Atem auf. Er ist leiser geworden – aber in der Ruhe um uns, in unserem Bemühen, selbst möglichst ruhig zu sein, scheint er trotzdem lauter als zuvor.

Ein lauschendes Reh und ein Mensch, der dem Reh lauscht, sich ihm dabei etwas angleicht und dabei seinen eigenen Atem entdeckt – das ist ein Haiku.

Wie verhält es sich dann aber mit dem ersten Begriff, mit „Friedwald"? Und warum, wenn überhaupt noch etwas gesetzt wird, nicht einfach nur „Wald"?

Eine einfache Antwort wäre, dass sich das eben in einem Friedwald ereignet hat und die Autorin den Begriff setzt, um auf das eigentliche Haiku einzustimmen, dass sie damit also eine Atmosphäre herstellt.

Eine literarische Antwort lässt das natürlich gelten, es ist ein häufiges Vorgehen, sie sucht aber noch nach einem notwendigen inneren Bezug des „Friedwald" zu den beiden folgenden Zeilen. Der Kontrast zwischen „Friedwald" und „Atem" wurde schon genannt. In einem ansonsten kontrastarmen Text könnte er bereichernd wirken.

Vielleicht weist dieser Text aber noch auf etwas ganz anderes hin, lässt zumindest in seiner Offenheit die Möglichkeit auf etwas ganz anderes zu, nämlich die Frage nach den Menschen, die in diesem Wald begraben sind. Was geschieht mit unserem Geist, mit unserer Seele nach unserem Tod?

Was geschieht mit einer Kerzenflamme nach ihrem Erlöschen, wäre eine Gegenfrage dazu. Eine der vielen möglichen Antworten aber wäre das Reh, das unseren Atem, einen unserer Atem, vielleicht den eines Toten im Friedwald, aufgenommen hat, in seinem Atem, seinem Lauschen, der uns nun anschaut und nicht mehr erkennen kann.

# Haiku

Iwa Antonow

Dieser Moment dem Luchs Gegenüber

Helle Mondnacht.
Die Zeichen der Sonnenuhr.


Marita Bagdahn

Katastrophennachrichten
er zappt weiter
zum Horrorfilm

Maskenpflicht
die Puppe bekommt
ein Pflaster ins Gesicht

Sanftes Sterben –
wie sie in die Stille fallen
Fliederblüten

Zoom-Konferenz ...
heute wird er fertig
der Wollschal

*Sonja Bautz*

erster Schmetterling
das Blöken junger Lämmer
vom Wind getragen


*Christa Beau*

am Grab
neben den Blumen
ihr Taschentuch

Bäckersfrau
sie knetet ihr Lächeln
in den Teig

Einzelkind
ein Knirps öffnet das Fenster
für den Mond

mit ihm am Fluss
die Sterne glitzern
zwei Mal

offener Kleiderschrank
mein buntes
buntes Leben

Schaufenster
inmitten der Puppen
ich

*Winfried Benkel*

Internetstörung
Opi erzählt über
alte Zeiten

leuchtende Augen
auf der Weihnachtsplatte
ein leises Knistern

*Thomas Berger*

Horchen auf den Wind:
die Melodie des Meeres
in Föhrenwipfeln.

*Martin Berner*

Totensonntag
am Aidsopferdenkmal
zwei Spritzen

Mauersegler hoch oben
es gibt eine Chance
hat der Arzt gesagt

dem alten Freund
ein Schäufelchen Erde
und den Geheimpfiff

*Martin Berner*

Sommerabend
nur die Amsel
und sein Beatmungsgerät

neunzig
alle tickenden Uhren
hat sie verbannt

und der Sinn
die Mönchsgrasmücke
weiß davon

*Lidwina Bilgerig*

Düsterer Februarmorgen
auf der zerschnittenen Birke
singt eine Meise

*Benjamin Bläsi*

gewittrige Luft
Wolken türmen sich über
unserem Schweigen

*Christof Blumentrath*

Selfie
sie steckt ihr Lächeln
in die Gesäßtasche

nächster Halt Bellevue
all die fremden Gesichter
auf schmutzigem Glas

*Gerd Börner*

der Muezzin ruft –
dichter Nebel bis zur Spitze
des Minaretts

Abschied –
das Geräusch der Schritte
in die Dunkelheit

*Adrian Bouter*

niedergelassen –
Raben verleihen Flügel
dem kahlen Hain

Ostersonntag
ein Lämmchen springt
in alle Himmelsrichtungen

*Adrian Bouter*

Gartenlaterne
das Licht tanzt mit
den Mücken

Abendessen eine Uhr beobachtet mich

*Claudia Brefeld*

erstes Licht
die Spitze des Kirchturms
wird zum Falken

Kirchenbuch
der herbe Duft
alter Namen

social distancing
tief atme ich
den Himmel ein

Vernissage –
jeder beobachtet
jeden

*Brigitte ten Brink*

fast vergessen
die Blumen zum Muttertag
am Wegrand gepflückt

vom Wind getragen
der Klang des Totenglöckleins
übers kahle Land

*Ralf Bröker*

am Impfzentrum
die alte Dame kämpft
mit dem Parkscheinautomaten

Cirruswolkenfeld
auf dem Schreibtisch deine
Euthanasie-Bescheinigung

dein Größerwerden
mein abnehmender Mond

Wohnungsauflösung
Mamas Liebesromane
ins offene Bücherregal

*Heiner Brückner*

abendläuten
über dem rauschen des mühlbachs
wogende weiden

Freiluftkonzert
Der Cellospieler setzt aus
beim Hummelflug

*Horst Oliver Buchholz*

erster Frost
in Händen die Sonne
reifer Äpfel

Hochzeitsabend
wir blicken gemeinsam
in die Dunkelheit

innehalten
mein Schatten aufgehoben
in dem der Linde

stille Andacht
im Morgentau versammelt
alles Licht

einsamer Sommer
ich erlerne die Sprache
der Vögel

seidener Morgenmantel
mit Anmut trägt sie
den Müllsack

gepresste Blumen
der bittere Duft
meiner Kindheit

Großmutters Dutt
ein Kissen
voller Nadeln

Familienfeier
wir teilen das Brot
mit Geistern

Meisenknödel
falls du jetzt
Vogel bist

Windstoß
ich werde
Gras

*Pitt Büerken*

die Augen zu
dem Großen Bären
lauschen

Stromausfall
das Mädchen hält die Puppe
fester an sich

der Siebzehnuhrzug ...
die Kühe trotten heim
zum Melken

ein Auto steckt
in einer Schneewehe fest
die Wolken ziehen

wieder solo
vermisse ihre Lieder
aus der Wanne

*Gabi Buschmann*

Begegnung
deine Spuren von gestern
im Schnee

*Ingo Cesaro*

Ein einzelnes Wort
aus Schweigen ausgebrochen –
Zuflucht im Kiesel.

Kann nicht einschlafen.
Das Atmen des Nachtfalters –
wieder so störend.

*Caroline Christen*

Meisenbegräbnis
sie zeichnet ein Herz
in den Schnee

*Cezar-Florin Ciobîcă*

Pandemie
der Weihnachtsmann liest
die neuen Gesetze

die vierte Welle …
beim Schwimmkurs
nur Libellen

Knospen
zum ersten Mal tritt
mein Ungeborenes

*Cezar-Florin Ciobîcă*

das Lied der Amsel
der Komponist korrigiert
die Partitur


neuer Kalender
angekreuzt als das erste
sein Todesdatum


*Beate Conrad*

ohne ein Wort
den Fluß überquert
Herbstnebel


Bachlauf die Melodie macht einen Sprung


Der Wald atmet aus –
Oktobermond.


nach dem Psalm Amselhelle


frischer Schnee ... Mutter ist eingeschlafen


Frostige Sterne
zwei Spätzchen
plustern sich auf


ganz gleich wohin ich flüchte Frühlingswind


nachts ein bellender Berg der Dorfhund

*Zorka Čordašević*

Im Schatten einer Eiche
ruht ein Pflüger
Pferde wiehern

Fließender Main
der Schwan streckt seinen Hals
in die Sonne

Morgentau
eine Frau sammelt Pilze
die Schlange zischt

Vor der Tür
Opa schüttelt Schneeflocken
aus dem Hut

Im Strudel des Flusses
laichende Fische
Mond glänzt

Kleiner Igel
sammelt Blätter
wie reich er ist

Schneegestöber
der Alte geht allein
und spricht mit sich selbst

*Maya Daneva*

Halbmond
ich lese die Liebesbriefe
meiner Mutter

fallende Magnolienblüte
das Trauern
der jungen Witwe

Kichererbsen
auf dem Spielzeug des Flüchtlingskindes
Spuren von Kugeln

Magnolien-Knospen
ich bemerke den ersten Zahn
meiner Tochter

Morgennachrichten
der Waffenstillstand
und mein weichgekochtes Ei

letzter Abschied
der Mond verschwindet
im Nebel

Kirchentür
schließt sich ... das Licht der Kerze
richtet sich wieder auf

*Bianca Daniel*

Abendrot
Die Zeit versinkt in
Walderdbeerduft.

Frühlingsabend
Erhitzte Gesichter färben
die Sonne rot.

Milchstraße
letzte Boote überqueren
den Frühstückstisch.

*Reinhard Dellbrügge*

Abendlicht.
Auf der begrünten Mülldeponie
weiden Schafe.

Mädchen mit Skateboard –
von seinem Hund
in den Frühling gezogen.

Rückzug –
in seinem Tagebuch
nur noch das Wetter.

Stadtauswärts –
mit jeder Ampel
leichter.

*Reinhard Dellbrügge*

Tauwetter –
im Plaudern der Spatzen
ein ekstatischer Ton.

*Frank Dietrich*

blutmond
die schwere
eines roten weins

Dauerregen
die endlosen Geschichten
der Wasserspeier

Frühnebel
die unscharfen Grenzen
meines Traums

Stundenglas
Sand rinnt
durch meine Adern

Großstadtmorgen
ein Hahn kräht irgendwo
in meinem Kopf

Mondaufgang
Zeile um Zeile entsteht
ein Gedicht

*Frank Dietrich*

Mondlicht
ich werde
ein Silberschmied

Wintersterne
der Diamantring im Schaufenster
unbezahlbar

Stundenhotel
heute Nacht ist der Mond
aus Beton

Mondschiffchen
ein Lächeln folgt mir
in den Schlaf

*Hildegard Dohrendorf*

Wintersturm
der Hofhund verbellt
Schneeflocken

Blutmond
ich laufe barfuß
durch Kirschblütenschnee

*Hildegard Dohrendorf*

Herbstwind
im Postkorb heute
nur bunte Blätter


Sichelmond im Kuhstall scheppert die Milchkanne


klirrender Frost
in meiner Teeschale
knistert der Kandis


Mohnblumenblüte
das zarte Rot
auf deinen Wangen


Erdbeermond
eine Nonne am Fenster
betet stumm


Herbstsonne
dem Klang
der fallenden Blätter lauschen


erstes Enkelkind
ich blicke in die Augen
meiner Großmutter


heute Abend –
einen letzten Tango mit dir

nach dem Singen
trinkt die Amsel
ein paar Schlückchen Fluss

morgens das helle
der tropfen die schnee waren

Corona-Winter
die Tanne am Brunnen
füllt sich mit Sternen

drei photo-jahrzehnte …
zum beschriften stifte
in allen farben

nach all den zahlen … erste schwalben

fast dunkel
im schweigen der amsel
klingt noch der tag

im grün des salbei
das grün aller sommer
eidechsen dösen

baustelle
zwei pilger betasten das rauhe
das warme vom stein

letzter schnee
an die hauswand geschmiegt
zwei weiße hühner

*Bernadette Duncan*

märzsonne
wir gehen durch schatten
als wären sie licht

alter gärtner
zwischen all seinen blumen
unsichtbar nun

zähle die Jahre nicht mehr
der Briefkasten klappert
es gibt mich

nichts hab ich mir gemerkt
an diesem blütentag

*Dagmar Ebert*

Wohin soll ich geh'n?
Die zarten Blätter am Ast,
sie weisen ins Nichts.

*Hartmut Fillhardt*

Im Arbeitszimmer
Die Stapel, die Spinnweben
Die Sonne

Tango
das Juchzen bei der Drehung
auf Papas Schuhen

Friedwald
im Lauschen des Rehs
unser Atem

Deutschkurs –
unter der letzten Treppe
seine Gebete

frostiger Morgen
mit der Amsel
letzte Rosinen teilen

Weihnachtsnacht
hinter der dunklen Kirche
ein erleuchtetes Reh

lauschen
wie du DU sagst
heckenrosenduft

nach dem Regenguss
das Aufatmen der Bäume
einatmen

nebelsonne
das stille leuchten
des stoppelfeldes

*Petra Fischer*

Novemberwind
eine Blüte segelt
aus dem Totenbuch

Atelier
sanft holt er den Vogel
aus dem Stein

Omas Kännchen –
im Sprung
ihr helles Lachen

Frühlingsbrise
die alte Dame sucht
ihren Lippenstift

*Gerda Förster*

was immer auch geschieht ...
Magnolienblüten

Sommerwind
einst hatten wir Flügel ...

Sternenhimmel
zu wissen dass es ihn gibt ...

im Frühlingswind
ein Mensch
und ein Schmetterling

*Christiane Friederike Freimann*

Weihnachtsfamilienstandbild
Bleib jetzt liegen,
Jesusbub!

Nahkampf mit dem Küchenmesser
Erste Kürbissuppe.

Am Taufbecken
Desinfektionsmittel
Begrüßt seist Du.

Er traut sich; er traut
sich nicht; er traut sich!
Endlich flügge!

Hochzeitsnachtgebrumme
der Junikäfer
Fledermausflugkünste.

Nohm Trollschoppe
gehe mer halt schloofe,
es Woimoggelsche unn isch.

> Nach dem letzten halben Liter Wein
> gehen wir halt schlafen,
> die Fruchtfliege und ich.

Sockenstrickmeditationsgedankenamlaufendenmeter
verschlingen.

Überdröhnt vom Laster –
das Lerchenlied taucht wieder auf
aus dem Staub.


Sonnenblume.
Ein Kern löst sich, schwingt Flügel,
wird Biene.


Mein Herz
in einer Welt ohne Farben.
Ringsum schreien Krähen.


Nacht
überm Hörsaal, mit Kranichschreien,
Wellen ins Offene …


Justizpalast.
Die Bewegung des Grases
im Wind.


Altarraum –
das einfallende Licht begegnet
sich selbst.


Vorbei braust
ein Motorrad, erschüttert die Heiligen
in ihren Simsen.


Mit Enten
am Wannsee, Gefieder putzen,
ein bisschen schnattern …

*Hans-Jürgen Göhrung*

Stimmengewirr
Alle Vogelhäuschen sind
frisch bezogen

Whisky-Verkostung
Einer schmeckt gar einen Hauch
von Vulkanasche

Frühling
Ich rieche die Blumen
in deinen Worten

*Claus-Detlef Großmann*

roter mond im glas
die barfrau
reicht dir 'ne rose dazu

im blätterregen
eines fängst du
das du loslassen musst

kraniche falten
und dein freund
wird der wind

am eisweiher 7
fischstumm ich
im klingelschildschwarm

*Claus-Detlef Großmann*

nachts heimwärts nach sulzbach
gassen und gärtchen
sternüberstreut

neujahrsnacht
gläser & krümel
im fenster der große bär

späte rose am gitter
zu freunden will ich
jenseits der berge

*Ruth Guggenmos-Walter*

vogelgezwitscher
in den wellentälern
des sturms ...

waldrand –
in der alten kinderhütte
kuscheln schneeflocken ...

bäuchlings
den rodelhang hinab
ins meer der nacht ...

das sträußchen
aus kinderhand
ganz warm ...

*Ruth Guggenmos-Walter*

der regen läßt nach –
immer feiner gewoben
die stille …

abendlichtwolken –
schafe weiden
an den hängen der mülldeponie …

eisiger maiwind –
das weiß der felsenbirne
fällt wie schnee …

mondstille
silberfischchen
kreuzen den raum …

die tote fliege –
ich übergebe sie
dem wind …

rehe
am horizont
springen ins weltenmeer …

sturm naht –
die marktstände
beginnen zu flattern …

blühwiese –
der gärtner summt
mit den wildbienen …

*Matthias Gysel*

der Klang
des Akkordeons - verstimmt
auch wir

Weisswein
er trinkt
ihre Sehnsucht

im Pendelverkehr
sie schminkt
das blaue Auge

Sommerabend
auf dem Gehweg fegt er
Schatten weg

*Barbara Hagemann*

Entrümpelung
dir
wiederbegegnen

im spiegel
der blick
der mutter

*Taiki Haijin*

Meeresstrand
zwei Walrösser mit
Dosenbier

Die alte Socke
sie singt beim Bügeln
von der Liebe

Notartermin –
wie sorgfältig zeichnet er
die Unterschrift

zu Besuch –
der aufgetaute Kuchen
ist Schweinefilet

Mittagshitze
die Cowboys fletschen
ihre Milchzähne

*Claus Hansson*

Heideblüte
eins mit der Schönheit
ihre Augen

auf dem Kettcar
schau
wir hinterlassen Spuren

*Claus Hansson*

Windstille –
spüre den Flügelschlag
eines Falters

der alte Bach
in seine Ruhe springen
Wasserläufer

Seewind wieder
ins flüsternde Gras
eintauchen


*Gabriele Hartmann*

in allen Fenstern
Nacht – mein Enkel & ich &
die Mengenlehre

ich, eine Wolke
in meinem Schatten wandern
Ameisen

wilde Rosen mit jedem Wort stechen wir tiefer

Mutters Porzellan
mein Herz bekommt
einen Riss

Neujahrslicht immer noch schweigen wir

*Gabriele Hartmann*

Steingut
in Mutters Stimme
ein tiefer Ton


Tagundnachtgleiche unsere Spuren münden wo
alles begann


Tastentelefon
die Melodie ihrer Nummer
so vertraut


Nebel – sprich leise


Ausgangssperre
das letzte Glas Wein
miteinander teilen


*Sylvia Hartmann*

die Kassiererin
auf dem Heimweg: das Lächeln
noch nicht abgesetzt


vor der Impfung
den Aufklärungsbogen
in schweißnassen Fingern


vor der Trauung
der Bräutigam zupft an der
engen Krawatte

*Patrick Hartwigt*

letztes Schwarz-Weiß-Bild
auf den Schnee legt sich die Asche
seiner Urne


*Bernhard Haupeltshofer*

ach, schneesturm!
warum jetzt? – ungeimpft
mein drahtesel

gleichwürdig blüht
die weiße rose neben
der roten. und doch ...


*Birgit Heid*

Putten umarmen
den Bienenkorb, wir stehen
Schulter an Schulter

Fernweh
mit ihrer Haushaltshilfe
spricht sie Portugiesisch

Reisewarnung
der Große Wagen fährt
aus meinem Dachfenster

*Birgit Heid*

Fingerfarben
er spricht vom Geräusch
des Kopfschusses

Freundschaftsende
das weiße Licht
des Vollmonds

beim Anblick
des Abendsterns erklingt ein
Furz

städtisches Mühlrad
sie tanzt Walzer
mit einem Syrer

*Wolfgang Hölz*

Verloren
Teddy, einäugig,
mit Heu gefüttert

Seine Rosen
auf dem Kompost,
eine blüht noch

Todesanzeigen
beim Lesen
dieses Ticken der Wanduhr

nach den Malerarbeiten
mein Lieblingsshirt
gut gelungen

Spaghettiwestern
auf meine Wange knallt
sein Kuss

allein am Strom
um meine Füße brandet
Wut

Corona-Verstöße
Tag für Tag
das Aufbrechen der Magnolienblüten

Herbstnacht
aus dem Bach fließt
der Mond

Weckerklingeln
du rollst
in meine warme Kuhle

Sylvester 2.0
acht Monitore
prosten sich zu

traumlos
eine Krähe zerhackt
Mondlicht

erste Schneeglöckchen
am Flussufer
endlich weinen können

streitende Eltern
das Kind wirft Steine
in den Fluss

Altbauwohnung
lerne die Sprache
der Bodendielen

Midlife irgendwas
der Hobbyraum
heißt jetzt Atelier

Trauerarbeit
auf der Leinwand
verlaufen die Farben

mit weitem Bogen
um die Obdachlosen
die Kehrmaschine

nach der Regenwanderung
den lärmenden Bus
fahren lassen

Morgenlauf
aus meinem Haar tropft
der Mai

erster Schnee
die alten Geschichten
vom Himmel

Vogellieder –
stolz pfeift der Jäger
durch die Patronenhülse

Erinnerungen
er spricht
vom Fegefeuer

alte Romanze ...
ich schneide sie aus
seine Todesanzeige

noch einmal schön sein
letzte Rosen
im Raureif

so viele Schmetterlinge
einen davon
schicke ich zu dir

*Saskia Ishikawa-Franke*

Im Garten lockt ein
Häuschen mit Kinderbüchern,
Narzissenduft.

Weihnachtsschneesturm.
Auf dem Bösendorfer
Bachchoräle.

*Ilse Jacobson*

Schnee fällt – leise
in deinen Traum
ein Fenster öffnen

*hier lasst uns Hütten bauen …*
Apfelblüten im Wind

leih mir dein Leuchten
für diesen flüchtigen Moment
Seerose

Sommersneige …
noch leuchtend am Boden
Rosenblüten

anhalten –
für eine handvoll
veilchenblau

*Valdis Jansons*

Aquarium.
Einer der Goldfische
sei der Buddha.

*Rüdiger Jung*

Das Schluchzen
des Witwers
Advent

Fäden und Punkte
vorm Auge mischen sich
unter die Kraniche

*Christoph Junghölter*

Klausuraufsicht
Blätter im Wind

Zubettgehen
das Kind
zeigt auf den Mond

*Hilde Kähler-Timm*

Mozart-Serenade
im Frühlingspark:
der reine Klang des Lichts.

Wange an Wange
im Spiegel des Sees,
bis die Welle uns fortwischt.

*Deborah Karl-Brandt*

Frühling
das Weiß einer Maske zwischen
lila Krokussen

Alte Briefe
Die Liebe meiner Eltern
bevor sie starb

Neue Welten ein Kasten mit Wasserfarben

Umweltzerstörung
Sie plant den Bau einer
Ökosphäre

Schlaflosigkeit
Länger mit jeder Sekunde
die Nacht

St. Martin
Das Schnattern und Lachen
der Lehrerinnen

*Silvia Kempen*

Maiwind
in der Hecke verfängt sich
eine Maske

*Michaela Kiock*

sonnenaufgang
die stille beginnt
zu zirpen

ziehende kraniche
die sonne nistet
in kargem geäst

bombenentschärfung
die katze im korb
eingeschlafen

frischer grabhügel
im schein des mondes
ein schmetterling

intensivstation
mit klebeband
das foto seines hundes

letzte partie
vaters könig
ungeschlagen

überflutung
sie watet gegen die strömung
zu den pferden

sengende sonne
mit dem schmetterling
am brunnen trinken

frühlingsflaum
das ausgemergelte gesicht
meines vaters

wolkenbruch
aus meinem kleid tropft
der himmel

funken stieben
im kamin die wärme
ihrer briefe

abschied
in ihr lächeln
fallen regentropfen

industrieruine
im mondlicht
wiegt sich das gras

nach dem befund
die würde
des alten katers

*Michaela Kiock*

winterregen
bis in die knochen
das dröhnen des schiffs

notaufnahme
in die stille kracht
der uhrzeiger

stille geburt
lichtkreise treiben
auf dem fluss

abendsonne
das angeschirrte pferd
weitet die nüstern

schneewind
wie ferne musik
unser schweigen

aufgehender mond
die wärme
der schafherde

vollmondnacht
das helle jauchzen
der schlittschuhläufer

aus der narkose
erwachend – noch verschwommen
ein leises zwitschern

*Dieter Klawan*

Spielplatz geschlossen.
Der Wind spielt mit dem Flatterband,
denn er darf das ja.

*Sven Klein*

Sommernachtsregen.
Die Dorfgasse hinab rinnen
die Sterne.

*Rolf Klöcker*

Achtloser Gang
durch die Pfütze
den Mond ausgetreten

*Angelika Knetsch*

Der Tag neigt sich
noch einmal leuchtet er
im Lied der Amsel

*Angelika Kolb*

Abendruh
ein Lächeln
für niemand

*Fuyuko A. Kose*

Bratapfelduft
über dem Schneeland
der kalte Mond

Sushi anrichten –
Opas Augen, wenn er vom
Towada-See spricht

kalter Morgenmond
für den ungebetenen Gast
Tee aufschäumen

*Gérard Krebs*

Geisterdorf –
im Friedhof ein Grab
mit frischen Blumen

schwere Gartenarbeit
bevor der Winter kommt –
Flug der Kraniche

Fischschwarm
die silbernen Blitze
bei jeder Wendung

Kirchgang
die stille Lehre der Linde
danach

sanfte Wellen
im Fjord – die Melodie ihres
Norwegischen

verregneter Vesak[6]
die Tempel-Föhre
voller Diamanten

ohne Halt
der Zug verschwindet
in seiner Schneewolke

---

6  Buddhistischer Feiertag, auch Buddha-Tag genannt.

spätes licht
am gartenzaun ein wort
mit dem eichhörnchen

morgenlied
der kupferrote ton
des lichts

fauler nachmittag
die hängematte und
ihr hüftschwung

nach dem regen
die klarheit der welt
in der stimme der amsel

smalltalk
aufrichtig spricht
nur das rotkehlchen

regenprasseln
das geräusch
verflossner liebe

*Marianne Kunz*

Am Bergsee
aus der Tiefe der Nacht
Sterne schöpfen

Mondlicht tropft
durch kahles Geäst
sie salbt die Schrunden ihrer Hände

Im dürren Blattwerk
verfängt sich der Wind –
Vaters Briefe von der Front

Quarantäne
ein Schmetterling besucht mich
am offenen Fenster

40. Hochzeitstag
unterm Milchschaumherz
der Klang des Porzellans

Ausradiert –
geblieben der Abdruck ihres Namens
im Adressbuch

Die Entschlossenheit
in ihrem Gesicht
beim Schaben des Spätzleteiges

Erntedankfest
unter ihren Nägeln
die Farbe der Erde

Fortgetragen vom Wind
das Licht
der Pusteblume

Erste Schritte ins unberührte Weiß –
an der Brust trägt sie ihr Kind

Matt geworden
die Farben des Engels
über ihrem Pflegebett

Als fielen Rosenblätter auf Eis –
ihre letzten Worte

Nach dem Requiem
der Klang der Stille
in mir

Gedenkkerzen
an den Wünschen der Betenden
die Hände wärmen

Im zarten Frühlingsgrün
Sonnentupfen –
ihre verliebten Augen

*Helga G. Lange*

das Fenster weht auf
auf dem Monitor
dein letzter Herzschlag

*Moritz Wulf Lange*

Die alte Brücke
führt ins Dunkel – im Wasser
leuchten die Sterne.

Den Mond betrachten
und dabei das Schultertuch
zusammenziehen.

Die Weihnachtsbäume
aneinandergekuschelt
auf den Müll wartend.

Nach der Fehlgeburt
mit der Freundin zu Ostern
die Eier färben.

Die Dealer im Park
werden langsam sichtbarer.
Fallende Blätter.

Vogelgezwitscher –
im Sofakissen noch der
Abdruck der Katze.

Morgenregen
ganz leise
bist du gegangen

wo ich zuhause war
eine Fremde
die nach dem Weg fragt

Krisenbesprechung
die altbekannten Muster
auf dem Kaffeeschaum

als gäbe es ein damals ...
wilde krokusse

Lockdown-Verlängerung
in meiner Obstschale
nur noch Zitronen

Nachsaison –
die Nacht gehört wieder
dem Mond

Schneeflockentreiben ...
ich öffne das Handbuch
des neuen PCs

die Schnapsflasche
ohne Etikett ...
erste Schneeflocken

*Eva Limbach*

stürmische Nacht –
die Kissen auf meinem Sofa
neu angeordnet


als hätten wir alle Zeit der Welt Novembersonne


noch einmal
am Anfang des Weges stehen
schlehenblütenblind


*Ramona Linke*

kühler Abendwind
lege mein Gesicht
in seine Hände


Waldkrankenhaus —
das Rauschen des Regens
bis in den Traum


die schärfe des windes spüren
zaubernussblüten


Raureif
uns aufwärmen
bei der Klimademo

Impftermin ...
eintauchen ins lichte Grün
über dem Maskenrand

Klinikflur
durch einen Türspalt
frühe Amsellieder

schwüle Sommernacht
das Klacken der Türen
in der Notaufnahme

Zitronensorbet ...
ganz unvermittelt fallen
die Dinge ins Lot

Kohleausstieg —
der alte Steiger
stopft sich eine Pfeife

im Kirchenschiff allein das Tanzen der
Staubpartikelchen

Frühlingsbrise
ein altes Pärchen tanzt
auf dem Balkon

*Birgit Lockheimer*

Kompliment
sieht gut aus
die OP-Narbe

mausetot
der bunte Schmetterling
ach, Kätzchen

*Ingrid Löbling*

im Heim
sie stickt Tränen
in ihre Wäsche

Gartenlokal
der Wind schickt mir die Rechnung
des Nachbarn

Blätterfall
mein Mantel in den Farben
des Herbstes

*Horst Ludwig*

Ungefähr hier sank
sein Boot vor siebzig Jahren.
Wir treiben im Wind.

Sachte streift ein Wind
durchs trocknere Laub, treibt auch
den Schwan etwas ab.

Dies mächtige Wort
dies als da nirgends nichts war
zum Morgengrauen

Im hohen Giebel
Maria, 's Jesuskind
und auch 'n Steinkauz.

Milde das Klingen
des Glöckchens oben vom Berg,
das Herbstabendlicht

Advent ... die Würde einer Kerzenflamme

Das Töchterchen bläst
dickbackig den Ballon auf –
und der bläst zurück.

*Mark Rouven*

Gleisbett
Schotter, Stahl, Beton
Veilchen

*Robert Patrick Martin*

schweigemarsch
mein Leben
entscheiden fremde


*Michael Meier*

Im Mondlicht
die Jagd des Katers


*Ingrid Meinerts*

Tauwetter
zwei Schneemänner
stützen sich gegenseitig

Frühling
ich trete aus
meinen Schatten

hoffen auf Erneuerung
zertanzte Ballerinas
im Schusterregal

stiller Teich
ein kleiner Frosch stürzt sich
in den Himmel

Cellokonzert
das Crescendo
des schnarchenden Nachbarn

ihr erster Geburtstag
im Heim
Bitterschokoladenkuchen

im Friedwald
ein Witwer fotografiert
Sternenmoos

einparken
ich entschuldige mich für die Schramme
beim Baum

Herbstsonne
im Spinnennetz vor dem Fenster
verschiebe das Putzen

Kondolenzbesuch
der Witwer kocht
ihre Lieblingssuppe

Traueranzeige
ein Windstoß hüllt sie
in Blütenstaub

*Ruth Karoline Mieger*

die dritte Welle verebbt –
bis zum Horizont
nur Mohnblumen

Silvesterfeuer
auflodern
die unerfüllten Wünsche

*Conrad Miesen*

Wieder unter sich –
die Pflanzen der Gärtnerei
täglich um halb sechs

*Nóra Müller*

Was bleibt hinter
mir? Alles was wertlos ist ...
Glocken läuten.

*Eleonore Nickolay*

Umtrunk bei Freunden
wir machen Bekanntschaft
mit ALEXA

am Ende der Nacht
wir lecken unsre Wunden
der Kater und ich

*Eleonore Nickolay*

Pariser Metro
bei jedem Bremsvorgang
die Wärme seines Schenkels

Feuerhochzeitstag
in deinen Augen noch immer
der Glanz

FKK-Strand
endlich ohne
Maske

Frühling 2021
die steigende Anzahl
von Kirschblüten

am Stock
eine Schnecke kreuzt
seinen Weg

Frühlingsmond
es fällt das Wort
Lebensabend

gelbe Tonne
zwei Nachbarinnen sortieren
Gerüchte

Wiegenlied
die Nachbarin kehrt zurück
in ihre Kindheit

*Eleonore Nickolay*

Abschied
die Amsel bricht
unser Schweigen

Winterwind
plappernd begleitet mich
ein Pappbecher

*Lisa F. Oesterheld*

offenes Fenster
der Nachbar spielt Cello
das Fliegennetz bebt

Nachruf
ein Leben leuchtet auf
im Verlöschen

Rückkehr nach Hause
jeder Schritt
wie von selbst

Stille See
Möwen gleiten lautlos
die Herzmuschel glänzt

morgens am Schreibtisch
der Bleistift tanzt
mit dem Schatten

*Ludmilla Pettke*

Am Boden
eine zertretene Knospe.
Kriegskind.


*Rudi Pfaller*

verschneiter Garten
ein Freund bringt Kuchen
mit Zuckerguss


*Tihomir Popović*

zwischen den feigen
dein bildnis auf dem schreibtisch
eine tram fährt ab

früher abend
auch die heizung
redet mit sich selbst

so verlassen liegt er da
der rosmarinzweig
auf dem hüftsteak

wie der mai kommt
das grün
des minzlikörs

*Tihomir Popović*

deine hausaufgaben
über den dächern
der tanz der mauersegler

sein altes piratenschiff
fest verankert
im staubmeer

*René Possél*

frühlingssaat
die krähen
ernten schon

kontaktverbot
die junge reiterin
umarmt ihr pferd

unter der eiche
mehr als zweihundert jahre
wuchs dieser schatten

nach seinem tod
den weintrauben fehlt
die letzte süße

auf der leine
hose und kleid
tanzen zusammen

*Sabina Ptascheck*

Bunte Blätter
lassen die Schritte federn –
Aufbruch der Graugänse

*Jörg Rakowski*

tief verschneit
seine wärme spüren
am grab

*Bernd Reklies*

Flussniederungen
im auflösenden Nebel
Spinnen verknüpfen die Welt

Keine Kraft mehr
Zusammen noch einmal
den Sonnenaufgang ...

*Renate Maria Riehemann*

Jahreswechsel
Tanzen unter dem Schatten
der Inzidenzen

Erste Kraniche
An den Füßen der Linde
verkrusteter Schnee

*Wolfgang Rödig*

man lernt niemals aus
der alte Hausarzt
studiert Beipackzettel

noch viel zu lernen
der Welpe lässt sein Herrchen
das Stöckchen holen

nur mal ausprobier'n!
der Nachbar mit dem Gehstock
in der Abenddämmerung

Temperatursturz
die Regenschirme
werden immer schwerer

*Peter Rohrbeck*

Fallende Blätter
im Traum singt die Feldlerche
wieder und wieder

Orchesterprobe
der Taktstock bittet
um Ruhe

Tanz in den Mai
an der Theke
schüchternes Wippen

*Gerd Romahn*

Murmelnder Bach
in den geöffneten Händen
der leuchtende Mond

Mittagspause
die endlosen Gespräche
in seiner Stille

Plejaden-Schauer am nächtlichen Strand
durchnässt von Licht

Frühes Erwachen neben abgestandenen Worten
Wiener Kaffee

Abendrot –
das blätternde Rouge
im Spiegelbild

Schwankender Garten
in den leeren Flaschen
glitzert der Mond

Griechischer Wein
die ganze Nacht durch
diese Katzen

Corona die Leichtigkeit des Seins nach dem Test

Herzklopfen …
er wendet sich ab
in den Regen

*Frank Sauer*

Masken Abstand
er kommt ihren Blicken
zu nah

Brot und Spiele
im Kolosseum verhallt
das Knattern der Vespas

Im Regenschauer
über Pfützen springen
in offene Arme

*Jörg Schaffelhofer*

endlich frühling –
mit rollstuhl in der sonne
lächelt sie noch mal

herbstzeit
in meiner alten sandkiste
unsere tochter

*Birgit Schaldach-Helmlechner*

ohne dich …
bezirzen lasse ich mich
von grillengesang

nicht irgendein licht
mir fehlt deines –
glühwürmchen fliegen

*Birgit Schaldach-Helmlechner*

kranichrufe
in die zerbrechlichste stunde
Chet's „almost blue"

regengeräusche
fast die ganze nacht
geweint um dich

ob freude ob schmerz
dieses leuchten
hagebuttenrot

und wieder schweigst du ...
der aufbrausende wind
türmt schneewehen auf

ein jahr ohne dich ...
im spärlichen dämmerlicht
schnäbelt ein rabenpaar

verschmelzen beim tanz
mit des baches hellem klang
schmetterlinge

*Elke Schlösser*

Gedanken ziehen
Blättchen entfalten sich
der weiße Tee dampft

*Elisabeth Ba Schmid*

federgrasschilpen
umhüllt vom morgennebel
das spatzenlager

dein blick
ein regentropfen bevor
er vom blatt fällt

*Annika Carmen Schmidt*

kirsch-slush
kalt tropft die zuckersüße
auf das eisbärfellimitat

kokstaxitour
schäufelchen für schäufelchen
einfahren

notaufnahme
der kaffeeautomat
kaputt

ersatzverkehr
die fremde frau
hilft meinem mann hinein

steckrüben
im sternerestaurant
die großeltern weinen

*Benno Schmidt*

sonnenuntergang vom balkon
die alte dame
auf zehenspitzen

beim entrümpeln
aus der alten spieluhr
kurz ein paar töne

alte briefe
von herzen
an staubige schuhkartons

treibholz
in der abendsonne
ein strandwanderer

schneeflocken
auf der hand, auf der nase
auf ihren lippen

*Maren Schönfeld*

Der Fluss verschwindet
ungehört meine Worte
leise ins Dunkel

Wintersonnenwende.
Im Schein des Vollmonds
singen die Vögel

*Dyrk-Olaf Schreiber*

Dauerlicht im Treppenhaus
ein Knall
und der Mond ist da

Morgengeburt
eine Rose
lugt über die Kirchmauer

siebzehntes Stockwerk
an der Leine des Frachtkahns
weht Kinderwäsche

gestürzt
doch hab ich dich jetzt
Schatten!

Bettlektüre
die Mücke von gestern
das Eselsohr

die Brücke ist sein Zimmer
für Besuche frei
*Besuche* schreit er

die paar braunen Blätter
ich schüttle
und schüttle ...

der schöne Tag
an seinem Ende
unsere langen Schatten

*Rosemarie Schuldes*

kastanienkerzen
ihr leuchten
über deinem grab

*Helga Schulz Blank*

unterm Blätterdach
höre meinen Herzschlag
und den Kuckuck

Insekten tanzen
über zerdrückten Masken
er schläft auf der Bank

Ausbruch
rot rockt das Tulpenbeet
denke zurück

goldene Teller
Spitzendecken verschenkt sie
seine Briefe nicht

langsamer Walzer
Tanztee im Heim
ihr Enkel führt sie

sie halten Abstand
zwischen ihnen wabert
Zigarettenrauch

an der Peene
höre den Kuckuck
nicht deine Worte

*Marie-Luise Schulze Frenking*

das Neujahrskonzert
am Radio dirigiert
die Dreijährige

Krebsdiagnose
als wäre nichts geschehen
singen die Vögel

*Uschi Schwanse*

hundert Jahre
anstelle der Freunde singt
eine Amsel

*Regina Seelig*

Der Abendgast kommt
ein Luftzug pustet den Dampf
der Kürbissuppe.

Coronavirus –
das Kleinkind sucht ein Lächeln
in Mutters Augen.

Aus dichten Wolken
schiebt sich der Mond, ein Boot stößt
leis' vom Ufer ab.

*Angelica Seithe*

Pandemie –
das Präludium auf der Gitarre
fast schon perfekt

Quarantäne –
sie befreundet sich
mit einer Hummel

Septemberstille –
ich schneide Äpfel
in der Mittagssonne

altes Gaubenfenster –
einmal wohnte sie hier
besaß den Himmel

Aprilmond –
im durchfluteten Zimmer
das Ticken der Uhr

am Morgen
der Glanz meiner Blumen –
dass es dich gibt

Großmutter liest
Todesanzeigen – die Hand
im Fell ihrer Katze

Morgenfrost –
noch stachliger heute
der Stacheldraht

*Angelica Seithe*

Rotkehlchen
auf verschneitem Pfosten
ein Tropfen Blut

Aprilschnee
treibt durch die Sonne –
mein zerrissenes Herz

schlaflos –
im Schminkspiegel leuchtet
der Mond

Septembersonne –
wir öffnen das goldene Fleisch
der Pflaumen

*Martin Speier*

die hütte
in der wir frühstückten
zugenagelt

nach dem kuss
ihr gesicht erleuchtet
vom rücklicht

achter stock
auf der fensterbank
ein segelboot

*Martin Speier*

waldwärts
der rehspur nach
ohne ziel

*Claudia von Spies*

Still mit ihm hadernd
auf dem Weg zum Friedhof
plötzlich verlaufen

Heile Welt
bei Papa und Mama steht jeweils
ein Puppenhaus

Nachts auf der Schaukel
er schubst sie
in den siebten Himmel

Liebst du mich noch?
Das Ticken der Wanduhr
wird immer lauter

Plötzlich
lächelt er mich wieder an
in der Dunkelkammer

Ein erster Versuch
das kleine Mädchen küsst
den Plüschfrosch

alte abtei von weidenschatten das mosaik

hochwasser
die weißen bäuche
der schwalben

pollen steigt aus den kiefern die sterne

so blühten tulpen hier gelb ein ginkgoblatt

an der flussmündung eine wolke verblasst mein gestirn

raureif
von den linden löst sich
das licht

ziehe den pinsel übers leere blatt die weiße nacht

spatzen zwischen weißen blüten der dorn

lärchenharz
der klang
blauer bänder

die weide als versänke sie im traum wiegen wellen

bewahrt in den fugen der nacht morgenlied

der kirschbaum fiel im blick noch seine blüten

blauer hauch einer meise gedankendrift

bergnacht größer als meine erschöpfung mein staunen

ein sternhaufen flackert im nachtgebüsch leuchtkäfer

klostergarten
mich einschwingen ins summen
der stille

schneeflocken
schattenlos fällt
licht auf licht

vater trägt den rucksack
das gewicht
meiner erinnerung

narzissen-windröschen ... eine soutane streift den fels

morgenwald
tief aus sich selbst
ein neues licht

sonne im blühenden tal skulpturen versehrter menschen

der kranken vom walde die vogellieder heimholen

Lenzlustwanderung
der Chor
von Chlorophyll

1 neue Welt entsteht
Staub auf
meinen Büchern

blassblauer Punkt
die Augen
unseres Säuglings

AmeisenTötenMeinKarma

sich vertiefender Herbst
die Stimme
des verirrten Schafs

ganz allein
in der Volksschulklasse
Winternacht

*Hubertus Thum*

Vor Haydns *Schöpfung*
das Chaos
beim Stimmen der Instrumente

Windenblüten
der Morgen öffnet
seine Augen

*Ansicht von Delft*
seit dreihundertsechzig Jahren
ist es sieben Uhr

die letzte Leinwand
so weiß
Novemberblues

Auf dem Wochenmarkt
an den Maronen
die Hände wärmen

Fado
im Saal flackert plötzlich
das Licht

Mondaufgang
ein paar Dielenbretter knarren
im Goethehaus

Zilpzalp ...
die Ewigkeit eines Sommernachmittags

*Tobias Tiefensee*

homeoffice
unser kater jagt
meine maus

*Angela Hilde Timm*

Walnüsse knacken
vom Baum der gestern
gefällt wurde

*Ulrike Titelbach*

mahalo! wia des bood
duachs wossa fezd
do gfrein si de wöön

      mahalo! wie das boot
      durchs wasser gleitet.
      die freude der wellen

ostlecha. augn im hoiz
und mid de fingaspitzn
in raund nochi foan

      astlöcher. augen
      im holz. und fingerspitzen
      die den rand berühren

*Anna Vriede*

Ineinander verkeilt
Unsere Blicke
Im Saal

Himbeersaft
Er leckt über
Ihre Finger

Morgensaufstehenatmenumfallen

Es ist aus.
Er streicht Graffiti Herzen
Von ihrer Hauswand.

schwindend dein Name ein Relikt

Morgengruß
Der Wasserhahn
spielt Händel

*Stefanie Wachowitz*

im begräbniswald
kaffee aus der thermoskanne
mit dem toten vater

*Elisabeth Weber-Strobel*

Haushaltsauflösung
funkenschlagend erlischt
das Tagebuch

Oktobersonne
die Farben im Malkasten
reichen nicht aus


*Melanie Wegner*

Botanischer Garten.
Der Schmetterling an ihrem Gürtel
bewegt sich.

Wildgänserufe
Unser Zelt am See ein Zelt am Meer


*Friedrich Winzer*

Sportschau
die fließende Bewegung
zur Chipstüte

Corona
die Berührungen
der Schatten

Frühling
das Auto umgefärbt
vom Blütenstaub

Vorfreude
auf dem Autodach pfeift
das Surfbrett

Lockdown
der Penner im Eingang
unbehelligt

Corona
vor dem Schminkspiegel
nur Eyeliner

Sektempfang
ein Glas schwingt hinein
ins Geplänkel

standhaft
auf jeder neuen Welle
der Mond

eine Mücke
flüchtet in die Nacht
mit meinem Blut

Erinnerung
aus Tränen werden
Perlen

Fastentag
vom Küchenbord grinst
ein Kantenhocker

Großmutter liest vor
die Kinder mucksmäuschenstill
auch der Hund

zweites Date
an meiner Brust vibriert
ihr Smartphone

Sommerabend
das Wetterleuchten
ihrer Augen

Herbst
ein alter Mann zählt
fallende Blätter

kalter Morgen
auf der Straße jammert
Nachbars Auto

vertrauensvoll
sein letzter Blick
beim Tierarzt

Nachtlicht
ein Kind greift jauchzend
nach den Sternen

*Friedrich Winzer*

Abschied
verschwunden auch
die Sonne

Streit
mitten ins Luftholen
der Kuss

*Klaus-Dieter Wirth*

im Onsen
dümpelnde Blüten aus Holz
erstes Bad im Jahr

flügelschlagend
Teichhühner laufen über
das Sonnenlicht

eine auf dem Feld
verlassene Egge
Lerche im Steigflug

Langstreckenläufer
Schritt um Schritt um Schritt tiefer
in die Einsamkeit

tiefe Herbststille
die vorrückenden Schreie
der Treiberkette

*Klaus-Dieter Wirth*

Highlands –
Galloways
weiden die Wolken

unbeeindruckt
von dem neuen Zaun
ein Schmetterling

*Birgit Zeller*

Am Ufer
die Weite des Sees
in seiner Umarmung

Frühlingswind
er spricht von seiner
Müdigkeit

Morgenlicht
noch steht der blasse Mond
in deinem Gesicht

Seine Falten
tiefe Flüsse
im Licht

*Romano Zeraschi*

Laternenlicht
ein endloses Schlaflied ...
Izba

Herbst ...
ich
wie ein Blatt

*Iris Ziesemer*

Unter steinernen Lidern
Der Katze Mittagsschlaf
In Buddhas Händen

Hubertus Thum
# Tagträume
*Mikrogramme*


irgendwo im All
ein Augenpaar
die Erde geht auf

Auf dem Dachboden
hinter den Spiegeln
die Stimmen der Anderen

Niederkunft
im Wartezimmer sitzen die Nornen
und stricken

Schneetreiben
die Spur des Einhorns
verweht im Wald

Marmorwolken
diese dort
ist das Taj Mahal

nachts im Museum
der Rosetta-Stein
fängt an zu reden

die ersten Schritte
ins Hinterland der Uhren
durch dieses Rapsfeld

Orplid
in jedem Tautropfen
mein weites Land

ein steinerner Engel
schwingt sich zum Himmel auf
adagio

Ankunft in Florenz
die Paradiespforte
wird gerade geschlossen

Canalettos Vision:
in den Palazzi tummeln sich
Sardinenschwärme

Sonnenaufgang
Pharaos steinernes Herz
beginnt zu schlagen

Alexandria, mon amour
eine brennende Giraffe
bewacht das Meer

in seinen Blättern
das Rauschen der Zukunft
Bernsteinwald

aller Tage Abend
der Buchhalter schließt
sein Traumjournal

# Tan-Renga

Märchenwelt
wieder den Schnee
singen hören
die Fenster weit –
beim Hausunterricht

*Ilse Jacobson / Claus Hansson*

flirrendes Licht
der Ozean ruft
nach mir
im Reisegepäck
die Odyssee

*Gabriele Hartmann / Ingrid Meinerts*

Straßenlärm
in grauen Fugen
eine Wildblume
der fremde Herr
lupft seinen Hut

*Michaela Kiock / Gabriele Hartmann*

Großstadtlichter
in Unterzahl
die Sterne
der alte Mann
greift eine Flasche

*Gabriele Hartmann / Michaela Kiock*


Die Entsorgung droht
dem invaliden Teddy –
Einspruch: „Er brummt noch!"

Und beansprucht seinen Platz
mitten auf meinem Sofa

*Rüdiger Jung / Conrad Miesen*


weisse vorhänge
wehn aus der alten villa
und klaviermusik

Im Tipi Trommelschlagen
zum Wintersingen des Winds

*Sonja Raab / Horst Ludwig*

# Das Haiku-Jahr

## Bücher

Die Suche nach „Haiku 2021" ergibt bei der Deutschen Nationalbibliothek, die den Auftrag hat, alle in Deutschland erschienenen Veröffentlichungen zu erfassen, 116 Einträge (ähnlich wie 2020), nach genauer Durchsicht und Streichung englischsprachiger Bücher oder verschiedener Ausgaben desselben Buchs bleiben 60 übrig. Fast alle sind bei Kleinverlagen oder im Eigenverlag erschienen. Bei einem außerhalb der Haiku-Szene bekannten Verlag wurde nur ein Buch veröffentlicht, mit Haiku aus Japan: Masami Ono-Feller (Hg) (2021): Haiku der Liebe. Japanische Kurz-gedichte und Farbholzschnitte. Reclam, Ditzingen.

Die Deutsche Haiku-Gesellschaft (DHG) hat wie jedes Jahr vier Ausgaben ihrer Vierteljahresschrift veröffentlicht („Sommergras", Ausgaben 132-135). Mitglieder der DHG können im Netz alle seit Ausgabe 60 (März 2003) erschienenen Hefte als pdf laden.

Die Deutsche Haiku-Gesellschaft hat 2021 auch eine Anthologie ihrer Mitglieder herausgegeben: Die Sonne reifer Äpfel. Tanka – Haiku – Haibun. BoD, Norderstedt.

Moritz Wulf Lange hat in Hamburg einen Haiku-Verlag gegründet: edition das haiku. Er schreibt: „Die Edition veröffentlicht Bücher zum deutschsprachigen und japanischen Haiku, vorwiegend aus dem geistes-wissenschaftlichen und feuilletonistischen Bereich." Netzpräsenz: https://edition-das-haiku.de

Außerdem aktiv für das Haiku ist mit Petra Klingl und Stephanie Mattner der Rotkiefer Verlag, Berlin, Netzpräsenz: www.rotkiefer-verlag.de/

Das Haiku-Jahrbuch 2020 („Nebelland") erschien Juni 2021 mit 647 Haiku von 123 Autoren.

# Das Netz

2021 waren folgende Projekte aktiv:

**Deutsche Haiku-Gesellschaft (DHG)**: Dachverband mit etwa 300 Mitgliedern (Anzahl seit Jahren steigend), gegründet 1988. Die Zeitschrift Sommergras erscheint vierteljährlich, seit Ausgabe 117 (Juni 2017) als gedrucktes Heft oder als eBuch, als pdf nur noch für Mitglieder zugänglich. Für die Zeitschrift können Haiku und Tanka eingeschickt werden, eine Auswahl davon erscheint im Heft und ist außerdem online zu lesen. Auch ausgewählte Artikel sind online frei zugänglich.
Netzadresse: https://haiku.de

**Haiku heute**: Monatsauswahlen, Jahrbuch, Seiten zu Theorie und Praxis des Haiku, gegründet 2003, verantwortet von Volker Friebel. Die pdf-Dateien aller erschienenen Jahrbücher sind frei zugänglich. 2021 wurde zum dritten Mal ein Haiku-Preis ausgeschrieben, außerdem wurden Autoren-Seiten angelegt.
Netzadresse: www.haiku-heute.de

**Chrysanthemum**: Gegründet 2007 von Dietmar Tauchner, aktuell weitergeführt von Beate Conrad und Klaus-Dieter Wirth. Zweimal jährlich erscheint das Magazin als pdf-Datei. Auf Deutsch eingesandte Haiku werden von der Redaktion ins Englische übersetzt und zweisprachig veröffentlicht. Neben Haiku erscheinen Tanka, Haibun (Haiku-Prosa), Haiga (Verbindung von Bild und Haiku), Essays, Interviews. Die pdf-Dateien aller erschienenen Ausgaben sind frei zugänglich. 2021 fiel die Herbstausgabe aus.
Netzadresse: www.chrysanthemum-haiku.net/de

**Kukai 24**: Stefan Wolfschütz führte monatlich ein Kukai durch. In einem Kukai wird ein eigenes Haiku eingereicht, und die Haiku aller anderen Mitwirkenden werden bewertet.
Netzadresse: kukai24.de

Die **Österreichische Haiku-Gesellschaft** (etwa 60 Mitglieder) betreibt eine Netzpräsenz und gibt einmal jährlich eine Zeitschrift heraus. Auf der Netzpräsenz ist die pdf-Datei einer Ausgabe der Zeitschrift frei zugänglich.
Netzadresse: oesterr-haikuges.at

Es gibt eine geschlossene Facebook-Gruppe, **Haiku-like**, mit den Administratoren Sonja Raab, Simone K. Busch und Ralf Bröker. Wer die Beiträge sehen und teilnehmen möchte, kann sich einladen lassen. Ein öffentlicher Ableger von Haiku-like ist die Haiku-Bühne auf Facebook:
m.facebook.com/profile.php?id=678232758917771

Eine Übersicht weiterer aktueller und archivierter Haiku-Projekte in deutscher Sprache:
www.haiku-heute.de/archiv/haiku-projekte

Eine gelegentlich aktualisierte Liste von internationalen (englischen) Zeitschriften und Ausschreibungen zum Haiku bietet Claudia Brefeld:
www.artgerecht-und-ungebunden.de/Haiku-aktuell.htm

Zur Verbindung von Haiku und Bildern gab es 2021, neben den schon erwähnten Haiku-Präsenzen, drei spezielle Einreichseiten:
**Haiga im Focus**: Monatlich online erscheinende Haiga-Auswahl von Claudia Brefeld.
Netzadresse:
www.claudiabrefeld.de/Haiga-im-Focus.htm

**AHaiga**: Haiga-Portal von Helga Stania, wird viertel-jährlich aktualisiert.

Netzadresse: www.ahaiga.ch

**Fotohaiku**: Martina Sylvia Khamphasith und Diethelm Kaminski veröffentlichen jeden Monat ein Foto, zu dem Haiku eingereicht werden können.

Netzadresse: www.fotohaiku.com

# Autoren

**Antonow, Iwa**, *1964, lebt und arbeitet in Jena, schreibt Lyrik und Kurzprosa; Studium japanischer Blumenkunst.

**Bagdahn, Marita**, *1957, lebt in Bonn; freiberufliche Poesiepädagogin und Autorin; zwei Bücher mit Kurzprosa; diverse Veröffentlichungen in Anthologien (Lyrik, Kurzprosa, Aphorismen) und in literarischen Publikationen; Fachartikel für Autor*innen; diverse Auszeichnungen (Lyrik und Prosa).

**Sonja Bautz**, lebt in Greiz (Thüringen).

**Beau, Christa**, *1948 in Halle (Saale), lebt in Halle (Saale), ehemalige Kinderkrankenschwester, jetzt Rentnerin, 6 Jahre Vorstandsmitglied der DHG (Schriftführer, 2. Vorsitzende), seit 2000 Leiterin der Hallenser Haikugruppe, Mitglied des Pelikan e.V., Autorin, zahlreiche Veröffentlichungen, u.a. die Bücher „Schaumblasen knistern", epubli, sowie „Fotohaiku – Haiku", dorise-Verlag. Netzpräsenz: www.christa-beau.de

**Benkel, Winfried**, *1950, lebt in Augsburg.

**Berger, Thomas,** *1952, Wohnort: Kelkheim (Taunus), nach Beendigung der Unterrichtstätigkeit freier Autor. Mehrere Auszeichnungen, u.a. Kulturförderpreis der Stadt Kelkheim. Zahlreiche Publikationen, zuletzt: „Auf Dichterspuren. Literarische Annäherungen", 2020. Netzpräsenz: www.autor-thomas-berger.de

**Berner, Martin**, *1948, wohnt in Frankfurt am Main, 2003-2009 Vorsitzender der Deutschen Haiku-Gesellschaft.

**Bilgerig, Lidwina**, *1953, wohnhaft in Baar (Schweiz). Pensionierte Musiklehrerin. Spielt barocke Blockflötenmusik, singt in einem Chor.

**Bläsi, Benjamin**.

**Blumentrath, Christof**, *1956, wohnt in Borken und liebt das Leben in und mit der Natur.

**Börner, Gerd**, *1944 in der Uckermark. Studium der Elektrotechnik, lebt in Berlin, Rentner. Schrieb vier Haikubücher. Mitbegründer von Haikuscope.

**Bouter, Adrian**, lebt und arbeitet im „grünen Herzen von Holland". In seiner Freizeit, wenn er nicht gerade schreibt, fährt er am liebsten mit dem Rad durchs Land.

**Brefeld, Claudia**, *1956 in Gronau (Münsterland), lebt in Bochum, schreibt seit vielen Jahren Aphorismen und Haiku, nimmt an Kettendichtungen teil. Veröffentlichungen in – auch internationalen – Anthologien und Zeitschriften. Mehrere Haiku-Preise. Sie ist der Natur mit der Kamera auf der Spur und gestaltet Sinnbilder und Haiga. Zwischen 2007 und 2019 im Vorstand der DHG (2. Vorsitzende: 2009-2015). Mitglied der ÖHG. Eigene Netzpräsenz, darauf auch das Projekt Haiga im Fokus.

**Brink, Brigitte ten**, *1949 im Emsland, lebt seit 1979 in Konstanz, schreibt und fotografiert, Veröffent-ichungen in Sommergras (Mitgliederzeitschrift der DHG), Lotosblüte (Mitgliederzeitschrift der ÖHG), Print-und Online-Magazinen, Partnerdichtungen mit Gabriele Hartmann im bon-say-verlag.

**Bröker, Ralf**, *1968, Ochtrup – schreibt und ver-öffentlicht Haiku, Tanka und Haibun auf Deutsch und Englisch. Organisiert die Facebook-Gruppe haiku-like, ist Mitglied der UHTS.

**Brückner, Heiner**, *1949. Kurzgeschichten, Lyrik in Literaturmagazinen und Anthologien. Diverse Einzel-veröffentlichungen. Rezensionen in Tageszeitungen und online. Netzpräsenz:
https://heinerbrueckner.jimdofree.com/

**Buchholz, Horst Oliver**. Geboren in Herford / Westfalen, lebt heute im Rhein-Main-Gebiet. Studierte Sprach- und Literaturwissenschaft sowie Geschichte in Göttingen und Mainz. Ausbildung zum Redakteur. Schrieb für Tages- und Fachzeitungen, Agenturen, Journale und Hörfunk. Seit 2003 im Bereich Kommu-nikation eines deutschen Industrieunternehmens. Vorstandsmitglied der Deutschen Haiku-Gesellschaft. Veröffentlichungen in Anthologien, Kalendarien und Jahrbüchern. Buch: „Gesplitterte Zeit – Haiku und Haibun", BoD, 2019.

**Bucifal, Stefanie**, *1983, Studium der Literatur-, Kunst- und Medienwissenschaften, lebt in Konstanz, Veröffentlichungen von Haiku, Tanka, Lyrik und Kurzgeschichten in Zeitschriften und Anthologien.

**Büerken, Pitt**, *1945, lebt in Münster. Er schreibt Gedichte, Erzählungen, Haiku, Senryu, Tanka, Kyota, Haibun. Veröffentlichungen in internationalen Zeitschriften und Anthologien. Zwei Haiku-Bücher.

**Buschmann, Gabi**, *1953 in Wiesbaden, lebt in Niederseelbach im Taunus. Passionierte Makrofotografin, betreibt mit ihrem Mann ein nicht kommerzielles Forum für Makrofotografen (www.makro-forum.de). Gedichte schreibt sie schon länger, Haiku seit 2016, unterstützt vom Haiku-Workshop Wiesbaden.

**Cesaro, Ingo**, *1941, lebt in Kronach. Schriftsteller, Herausgeber, Handpressendrucker und Galerist. „Sehnsucht nach Stille" (Senryu zum Thema: Weiße Rose – Sophie Scholl), Freipresse Bludenz, 2021 sowie „Wort Diebe". Gedichte, éditions trevès im Verlag Kleine Schritte, 2021.

**Christen, Caroline**, Journalistin, lebt mit Frau und Glückskatze im Taunus.

**Ciobîcă, Cezar Florin**, *1971 in Botoşani, Rumänien. Er ist Lehrer an einem Gymnasium und schreibt Kurzprosa und Kurzlyrik.

**Conrad, Beate**, lebt, arbeitet und schreibt in Hildesheim. Mehrere Preise für Haiku und Haiga. Sie beschäftigt sich intensiv mit der Strukturanalyse von Haiku, Tanka und verwandten Formen. Seit Mai 2012 gibt sie das Internationale Haiku-Magazin Chrysanthemum heraus.

**Čordašević, Zorka**, *1951 in Modran (Bijeljina, Republik Srpska). Abschluss der Höheren Tourismusschule. Sie lebt in Frankfurt am Main, schreibt Gedichte, Haiku und Geschichten für Kinder und Erwachsene und ist in mehreren Anthologien vertreten. Einige eigene Bücher.

**Daneva, Maya**, promovierte Informatikerin, unterrichtet Wirtschaftsinformatik. Lebte lange in Kanada, heute wohnhaft in den Niederlanden. Schreibt und veröffentlicht in Englisch, Deutsch, Französisch und Bulgarisch.

**Daniel, Bianca**, *1975, lebt in Husum an der Nordsee, schreibt Haiku, Gedichte und Kurzgeschichten.

**Dellbrügge, Reinhard**, *1952, lebt in Steinfurt. Schreibt Gedichte (vor allem Haiku), Aphorismen, Kurzprosa, Rezensionen und Essays. Veröffentlichungen u.a. in Zeitschriften, Anthologien und Jahrbüchern.

**Dietrich, Frank**, *1976 in Berlin, lebt in Düsseldorf. Dozent und Privatlehrer.

**Dohrendorf, Hildegard**, *1951, malt und schreibt in Schleswig-Holstein.

**Duncan, Bernadette**, *1965 in Oberbayern, lebte lange in Schottland, heute zwischen Alb und Schwarzwald, Lehrerin und Übersetzerin i.R., Haiku seit 2007. Buch: „zum graureiher verdichtet" (Haiku aus zwölf Jahren), BoD, 2020.

**Ebert, Dagmar**.

**Fillhardt, Hartmut**, *1961 am Oberrhein. Informatiker, Projektleiter, Trainer, Zen-Bogenschütze. Lebt heute im Rheingau. Gibt seine Erfahrung weiter in Workshops, Coachings, Lesungen und Schreibwerkstätten. Veröffentlicht Krimis, Gedichte, Essays, Anekdoten, Kinderbücher und Künstlerkarten, zum Teil selbst illustriert.

**Fischer, Petra**, 1954 geboren in Schleswig an der Schlei, lebt in Nordfriesland, Dipl. Sozialpädagogin.

**Förster, Gerda**, *1947 in Bochum, wohnt in Nijmegen (Niederlande). Bildende Künstlerin.

**Freimann, Christiane Friederike**, *1961, lebt und unterrichtet Biologie und Chemie in Zweibrücken, zeichnet Linien.

**Friebel, Volker**, *1956 in Holzgerlingen, lebt in Tübingen. Promovierter Psychologe. Schriftsteller, Musiker, Bildermacher, Ausbildungsleiter. 2005-2013 Schriftführer der Deutschen Haiku-Gesellschaft. Gründer und Betreiber von *Haiku heute*. Zahlreiche Veröffentlichungen, so „Manchmal Tau", 2019 (Lyrik) sowie „Von Pech und von Gold", 2021 (Lieder, Musik-Album). Netzpräsenz: www.volker-friebel.de

**Göhrung, Hans-Jürgen**, *1957, wohnhaft in Überlingen / Bodensee. Unternehmensberater für Kostenoptimierung und psychosoziale Mitarbeiterentlastung. Veröffentlichungen von Haiku im Netz und in Büchern.

**Großmann, Claus-Detlef**, *1962, Studium der Politik, Literaturwissenschaft und Philosophie, wohnt in Königstein bei Frankfurt, arbeitet als Journalist.

**Guggenmos-Walter, Ruth**, *1959, lebt und arbeitet freiberuflich in Irsee im Allgäu. Ausbildung zur Silberschmiedin.

**Gysel, Matthias**, *1962, wohnhaft in Richterswil, Schweiz. Tätig als Berater, Jugend- und Hypnosystemischer Coach. Autor verschiedener Texte, Kurzgeschichten und Theaterstücke für Laientheatergruppen. Schweizer Arbeiterliteraturpreis 1991. Netzpräsenz: www.haiku-mgy.ch

**Hagemann, Barbara**, *1959, lebt in Freiburg im Breisgau.

**Haijin, Taiki**, Steuerberater und Mediator, lebt seit dem Jahr 2000 in Wiesbaden. 1998-2005 Expeditionen nach Skandinavien und zu den Orkaden, Durchfahrt der Barrapassage. Mitglied der Deutschen Gesellschaft für Polarforschung. Buch: „Orangenschalen – Siebenundsiebzig Haiku", 2021.

**Hansson, Claus**, *1962 in Bordesholm, wohnhaft in Fargau am Selenter See. Studium der Ingenieurs- und Wirtschaftswissenschaften. Konstrukteur, Arbeitsvorbereiter, Projektleiter, Technischer / Strategischer Einkäufer. Trainer Karate: Inhaber 5. DAN Schwarzgurt. Zen-Kreis Kiel. Selbstständiger Massage- und Wellnesstherapeut.

**Hartmann, Gabriele**, *1956, Höchstenbach, malt & fotografiert, schreibt & verlegt. Zahlreiche Veröffentlichungen, so: „Serpentinen", Haiku 2021, bon-say-verlag, sowie „Variationen", Haiku 2020, bon-say-verlag. Netzpräsenz: www.bon-say.de

**Hartmann, Sylvia**, *1959; Studium der Theologie in Wuppertal und Bonn; Promotionsstudium in Basel; Gemeindepfarrerin und Krankenhausseelsorgerin in Wuppertal; Autorin.

**Hartwigt, Patrick**.

**Haupeltshofer, Bernhard**, beluha, *1955 in Offingen/Donau; arbeitet in München, in erster Linie Zeichner. Ausstellungen, Kataloge. Pinakothek der Moderne „die gegenwart der linie" (2009). H-team: „lob der linie – verneinung und verneigung" (2017). Literarische Veröffentlichungen in Deutschland und Österreich. Zeitschriften und Anthologien; Künstlerbücher.

**Heid, Birgit**, *1961, lebt in Landau/Pfalz. Schreibt Haiku, Märchen, Gedichte, Kurzgeschichten; ein Roman. Zehn Buchveröffentlichungen, Anthologiebeiträge. 1. Vorsitzende des Literarischen Vereins der Pfalz. Lesungen und literarische Gruppenveranstaltungen.

**Hölz, Wolfgang**, *1937, lebt in Gräfelfing bei München.

**Holtz, Anke**, *1971, geboren und aufgewachsen an der Ostsee, seit 1995 im Schwäbischen heimisch, Stadtbaumeisterin.

**Holweger, Angelika**, *1954, lebt in einem Dorf zwischen Neckar und Schwäbischer Alb. Ihre künstlerische Tätigkeit umfasst Malerei, Holzschnitt und Fotografie. Sie ist Mitglied beim Kunsttreff Dietingen und singt in einer Gregorianikgruppe.

**Ishikawa-Franke, Saskia**, *1941 in Freiburg im Breisgau, lebt in Otsushi, Japan. Über 30 Jahre Lehrtätigkeit an Japanischen Universitäten. 2012 Gründerin eines landesweiten Haikuwettbewerbs in Japan für Gymnasiasten/innen und Studenten/innen: Haiku auf Deutsch. Mitarbeit an verschiedenen Anthologien, dem „Sommergras" und in einem japanischen Renkukreis.

Drei selbstständige Haikubücher und eines in Zusammenarbeit mit Christa Wächtler.

**Jacobson, Ilse**, *1935 in Meinerzhagen, lebt in Mössingen. Bis 2002 tätig als Diplom-Sozialpädagogin Vorschul- und Sonderschulpädagogik.

**Jansons, Valdis**, *1957, Lettland, Gerichtsdolmetscher.

**Jung, Rüdiger**, *1961 im Westerwald. Kur-, Klinik- und Altenheimseelsorger einer evangelischen Kirchengemeinde in Mittelhessen. 1989 Haiku-Preis zum Eulenwinkel. Zwei Haiku-Bücher.

**Junghölter, Christoph**, *1978, Sinologe, Motorradfahrer, Regenliebhaber, lebt im Ruhrgebiet.

**Kähler-Timm, Hilde**, *1947 in Holstein, lebt in Travemünde. Dipl. Bibliothekarin, Studium der Germanistik und Kunstgeschichte. Kinder- und Jugendbuchautorin, Leiterin von Schreibwerkstätten. Aufsätze und Monographien zur Kulturgeschichte Schleswig-Holsteins.

**Karl-Brandt, Deborah**, *1981, lebt in Bonn. Studium der Frühgeschichtlichen Archäologie, Religionswissenschaft und Geographie. Anschließend Promotion in der Abteilung für Skandinavische Sprachen und Literaturen an der Universität Bonn. Schreibt gerne Haiku, sowie Gedichte in freier Form. Beiträge in Anthologien, Jahrbüchern, Zeitschriften.

**Kempen, Silvia**, *1958, lebt in einem Dorf im Ammerland, schreibt auch dem Haiku verwandte Lyrikformen.

**Kiock, Michaela**, *1967, wohnt in Köln, Studium der Japanologie in Köln.

**Klawan, Dieter**.

**Klein, Sven**, *1972 in Köln, lebt in einem Vorort der Domstadt. Der Markenmanager spielt in seiner Freizeit Blues Harmonica.

**Klöcker, Rolf**.

**Knetsch, Angelika**, *1948 in Wilhelmshaven.

**Kolb, Angelika**, Bremen und Auroville.

**Kose, Fuyuko A.**

**Krebs, Gérard**. *1946 in Bern (Schweiz), lebt in Helsinki. Privatdozent (Literatur und Kultur der Schweiz). Diverse Buchveröffentlichungen sowie drei Haiku-Bändchen. Zahlreiche Haiku-Veröffentlichungen in Zeitschriften und Anthologien verschiedener Länder.

**Krissel, Tobias**, *1977, lebt in Kelkheim am Taunus, studierte Gesellschaftswissenschaften sowie Amerikanische Literatur und Literaturwissenschaft in Frankfurt am Main. Haiku und Musik.

**Kunz, Marianne**, *1956, lebt in Tübingen.

**Lange, Helga G.**, *1950 in Hamburg, lebt in Hamburg. Studium der Germanistik, Romanistik und Pädagogik, drei Jahrzehnte im Schuldienst. Autorin und Malerin, Veröffentlichungen in Anthologien.

**Lange, Moritz Wulf**, *1971 in Hamburg, lebt als freier Autor in Hamburg (Hörspiele, Romane, Sachtexte, Gedichte). Seit 2018 beschäftigt er sich verstärkt mit dem Haiku.
Netzpräsenz: www.moritz-wulf-lange.de

**Limbach, Eva**, lebt und arbeitet in Saarbrücken an der Grenze zu Frankreich. Seit 2012 schreibt sie Haiku, Senryu, Haibun und Tanka in Deutsch und in Englisch.
Netzpräsenz: Mare Tranquillitatis
https://evamaria-limbach2.blogspot.com/

**Linke, Ramona**, *1960 im Mansfeldischen, lebt mit ihrem Mann in Salzatal/Beesenstedt, nahe der Lutherstadt Eisleben.

**Lockheimer, Birgit**, *1959 in Freiburg im Breisgau. Studium der Romanistik und Germanistik, lebt in Hildesheim und Konstanz. Arbeitet seit über 25 Jahren als Verlagslektorin. 2013 stieß sie beim Redigieren eines australischen Buchs auf Haiku, seitdem schreibt sie Haiku und Haibun.

**Löbling, Ingrid**, *1940, lebt in Halle, Mitglied der Hallenser Haikugruppe.

**Ludwig, Horst**, *1936 in Ritterswalde, Oberschlesien, lehrte lange am Gustavus Adolphus College in den USA, emeritiert seit Mai 2012. Mitarbeit im Pegnesischen Blumenorden von 1644, in Haiku-Gesellschaften verschiedener Länder und in literarischen und sprachwissenschaftlichen Vereinigungen. 1993 Robert-L.-Kahn-(Lyrik-)Preis; mehrere Preise für Haiku und Tanka. Besonders interessiert am Haiku als sprachlichem Kunstwerk und dessen Analyse.

**Mark, Rouven**, *1989, lebt und arbeitet in Dortmund als HKS Installateur.

**Martin, Robert Patrick**, *1968 in Mannheim, lebt seit kurzem als freier Autor an der Ostsee (Romane, Sachtexte, Gedichte, Kurzgeschichten). Studium an der Hochschule der Polizei Baden-Württemberg. 2019 ausgestiegen, lebt seither als Künstler (Holzobjekte, Schwarz-Weiß Fotografie, Kunst aus Abfall etc.). Netzpräsenz: www.robert-patrick-martin.de

**Meier, Michael**, *1973, wohnhaft in der Schweiz, Bankangestellter und Illustrator.

**Meinerts, Ingrid**, *1951, lebt in Bremen, schreibt Haiku und anderes.

**Mieger, Ruth Karoline**, *1946, lebt in Wiesbaden.

**Miesen, Conrad**, *1952 in Neuwied am Rhein, lebt in Anhausen im Westerwald. Studium der Germanistik, Philosophie und Pädagogik. Langjährige Arbeit als kaufmännischer Angestellter. Schwerpunkte des Schreibens: Lyrik, Kurzprosa, Hörspiel und Essay. Zahlreiche Veröffentlichungen in Zeitschriften, Jahrbüchern und Anthologien. 1999 Haikupreis zum Eulenwinkel. Zehn Jahre Mitarbeit als Schriftführer im Vorstand der Deutschen Haiku-Gesellschaft.

**Müller, Nóra**.

**Nickolay, Eleonore**, *1957 in Koblenz. Lebt in der Nähe von Paris. Haiku und Haiga seit 2013 in Deutsch, Französisch und Englisch. Im Vorstand der Association Francophone de Haïku und der Deutschen Haiku-Gesellschaft sowie Mitarbeiterin in den Redaktionen der jeweiligen Vierteljahresschriften *Sommergras* und *Gong*.

**Oesterheld, Lisa F.**, *1957, lebt in Vechta; Seelsorgerin i. R., Kursleiterin und Autorin; Gedichtbände u.a. „Hymne ans Leben" (2019), „Gottesschimmer" (2016); www.lisaoesterheld.de

**Pettke, Ludmilla**.

**Pfaller, Rudi**, *1949, pensionierter Lehrer, lebt in Remshalden.

**Popović, Tihomir**, *1974 in Belgrad. Professor für Musikgeschichte und Musiktheorie, lehrt und forscht in Luzern und Hannover. Bücher und Artikel zur Musik vom 9. bis zum 20. Jahrhundert. Schreibt Lyrik und Haiku auf Deutsch, schrieb früher auch Reiseberichte und Kindergeschichten auf Serbisch.

**Possél, René**, *1949 im Ruhrgebiet, wohnt am Rand des Odenwaldes. Studium der Philosophie und Katholischen Theologie; ist Trauerredner und Wortsteller, verfasst Nekrologe, hält ökumenische Predigten und Vorträge.

**Ptascheck, Sabina**, *1958 mitten im Ruhrpott; lebt in Münster, Westfalen; arbeitet in einer lerntherapeutischen Praxis; liebt es, sich die Natur in der Parklandschaft Münsterland zu Fuß zu erschließen.

**Raab, Sonja**, *1975 im Ybbstal / Niederösterreich. Schamanin, Kolumnistin und freie Autorin für das Mostviertel Magazin „MoMag", Autorin mehrerer Bücher. „Woman Award" für soziales Engagement, Ehrung von Amnesty International, Löwenherz-Preis durch das Land Niederösterreich.

**Rakowski, Jörg**, *1962 in Essen, lebt bei Bremen, Imayaki-Keramik.

**Reklies, Bernd**, *1955, Studium der Informatik, lebt und schreibt in Schönberg (Holstein). 1984 erste Begegnung mit Haiku. Verschiedene Veröffentlichungen von Haiku in Zeitschriften, Anthologien, Plakatwänden und im Internet.

**Riehemann, Renate Maria**, 1955, lebt in Osterode am Harz. Pädagogin, Dichterin, Erzählerin. Mehrere Einzelveröffentlichungen. Initiatorin des Literaturpreises Harz und Herausgeberin der dazugehörigen Anthologien. Vorsitzende des Vereins „Lyrik lebt", Osterode, Mitglied

u.a. in der europäischen Autorenvereinigung Die Kogge, Vorstandsmitglied der GzL Leipzig.
Netzpräsenz: www.renate-maria-riehemann.de

**Rödig, Wolfgang**, *1965 in Straubing, lebt in Mitterfels. Veröffentlichung von etwa 500 literarischen Texten in diversen Anthologien, Literaturzeitschriften, Tageszeitungen, Kalendern und Magazinen.

**Rohrbeck, Peter**, *1964 in Wolfsburg, lebt in Gifhorn, Feinblechner und begeisterter Tierfotograf.

**Romahn, Gerd**, *1952, lebt im Ruhrgebiet, schreibt Haiku und gestaltet Haiga.

**Sauer, Frank**, *1952 in Perleberg, lebt in Wolfenbüttel. Studium der Germanistik und Geschichte in Marburg. Arbeitete als Verlagslektor in Braunschweig. Malt, fotografiert und schreibt Gedichte, Kurzprosa, Haiku, Haibun. Beiträge in Anthologien und Zeitschriften. Lyrikband „Skizzen im Gegenlicht", 2021.

**Schaffelhofer, Jörg**, *1959, lebt bei Darmstadt, arbeitet im IT-Bereich einer Bank, schreibt Haiku und andere Lyrik.

**Schaldach-Helmlechner, Birgit**, *1961, lebt und arbeitet in Schlüchtern.

**Schlösser, Elke**, *1954, Eschweiler, Diplom-Sozialarbeiterin, Fachbuchautorin, pädagogische Fortbildungsreferentin, Vorträge zu Biographie und Werk von Hermann Hesse, literarische Veröffentlichung: „Aphorismen ... heilende Worte in einem Satz", 2016.

**Schmid, Elisabeth Ba**, *1953 in Schwäbisch Gmünd, lebt in München. Studium Soziologie und Philosophie an der Universität München. Pädagogin, Autorin. Veröffentlichungen und Preise.

**Schmidt, Annika Carmen**, *1979 in der Wesermarsch. Lyrikerin, veröffentlichte zahlreiche Gedichte, Interviews und Essays zu Kunst, Kultur und Literatur in Anthologien, Zeitschriften & Radiosendungen, ist Mitglied im Verband deutscher Schriftstellerinnen und Schriftsteller in ver.di und wohnt im Wedding.

**Schmidt, Benno**, *1964, lebt im Münsterland in der Nähe des Ruhrgebiets, schreibt gelegentlich Haiku, Senryu und andere Mikrogedichte.

**Schönfeld, Maren**, *1970, Hamburg, Autorin und Kulturjournalistin. Neueste Lyrikbände: „Der Boden des Dunkels", 2021, sowie „Engelschatten", 2022, beide Verlag Expeditionen, Hamburg.
Netzpräsenz: schoenfeld.blog

**Schreiber, Dyrk-Olaf**, *1954, Germanistikstudium (M.A.), kaufm. Ausbildung, im Ruhestand; schreibt hauptsächlich Lyrik, kurze Prosa, aber auch Haiku und Tanka; viele Veröffentlichungen in Gedichtesammlungen.

**Schuldes, Rosemarie**, *1952, Apothekerin in Hessen.

**Schulz Blank, Helga**, *1948 in Innsbruck, aufgewachsen und studiert in Berlin, Sozialpädagogin. Nach 16 Jahren Aufenthalt mit Ehemann und Kindern in Süd-und Mittelamerika, seit 1994 wohnhaft in Esslingen / Neckar. Schreibt Haiku und Gedichte, Veröffentlichungen in diversen Anthologien.

**Schulze Frenking, Marie-Luise**, *1960, wohnhaft in Bayern.

**Schwanse, Uschi**, *1941, lebt in Halle, ist Mitglied der Hallenser Haikugruppe.

**Seelig, Regina**, *1944 am Kaiserstuhl, lebt heute in Grafing b. München. Mitglied im Haiku-Kreis der Deutsch-Japanischen Gesellschaft in Bayern. Mit diesem mehrere Veröffentlichungen.

**Seithe, Angelica**, *1945 in Bad Lauterberg, lebt im Kreis Gießen und in München. Psychologische Psychotherapeutin, Dozentin. Zahlreiche Veröffentlichungen in Zeitschriften und Anthologien. Neun Lyrikbücher, zuletzt „Im Schatten der Äpfel" (2016) und „Solange wir bleiben im Licht" (2020), beide in der edition offenes feld. Mehrere Auszeichnungen bei Wettbewerben für Lyrik und für Haiku.
Netzpräsenz: www.angelica-seithe.de

**Speier, Martin**, *1962, lebt auf dem Land in Bayern und arbeitet in einer Klinik.

**Spies, Claudia von**, *1958, lebt in München, schreibt und malt. Sie ist Märchen- und Geschichtenerzählerin für Erwachsene. Ihre große Leidenschaft ist das Tanzen, besonders Tango Argentino.

**Stania, Helga**, geboren in Siegen, Studienabschluss in Biologie, Geographie, Pädagogik; Lehramtstätigkeit; lebt seit 1990 in der Schweiz; Haiku, Tanka, Haiga und Kettengedichte. Netzpräsenz: ahaiga.ch

**Tauchner, Dietmar**, *1972, lebt in Südniederösterreich als Autor (Haiku, Lyrik, Prosa, Drama, Essay), Sozialpädagoge & Reisender. Haiku-Publikationen in zahlreichen Ländern. Mehrere Haiku-Preise.

**Thum, Hubertus**, ehemals Herausgeber von Projekt *Sperling* und Mitherausgeber von *Haikuscope*, lebt in der Nähe von Hannover.

**Tiefensee, Tobias**, *1984, wohnhaft in Ludwigsburg, Leiter einer Kindertagesstätte.

**Timm, Angela Hilde**, *1964 in Hamburg, lebt und liebt seit den 1990ern im Landkreis Stade. Lebte und arbeitete in den 1980er Jahren als Fremdsprachensekretärin bei Paris. Zahlreiche Erscheinungen in Anthologien. Ein Fernstudium Kunstgeschichte 2021 abgeschlossen. Gedichtband „Glaubens-Bilder", 2010.

**Titelbach, Ulrike**, *1971, lebt in Wien. Seit 2017 veröffentlicht sie lyrische Texte und Prosa in diversen Literaturzeitschriften und Anthologien. Für ihr universitäres Schreibprojekt „mit poesie zur theorie" erhielt sie 2021 gemeinsam mit den Studierenden aus ihren Lehrveranstaltungen den *Exil-Literaturpreis für Teams*. Im selben Jahr erschien in der *edition offenes feld* ihr erster Lyrikband „Fragile Umarmungen".

**Vriede, Anna**, *2003, lebt und studiert in Leipzig. Schreibt Haiku und Kurzprosa, experimentiert mit Kunst und Sprache.

**Wachowitz, Stefanie**, *1969, lebt, liest, liebt und sitzt in der Umgebung von Königswinter.

**Weber-Strobel, Elisabeth,** *1955, lebt in Heidenheim, sie ist von Beruf MTRA, liebt Literatur und beschäftigt sich mit Haiku.

**Wegner, Melanie**, *1976, lebt und arbeitet in Pirna, veröffentlicht seit vielen Jahren mit einem Pirnaer Fotografen den Pirnaer Foto-Lyrik-Kalender.

**Winzer, Friedrich**, *1941 in Marburg/Lahn, lebt in Biedenkopf-Breidenstein.

**Wirth, Klaus-Dieter**, *1940, lebt in Viersen (NRW), Neuphilologe (Englisch, Französisch, Spanisch, Niederländisch), aktives Mitglied in internationalen Haiku-Organisationen; zahlreiche Veröffentlichungen von Haiku, Essays und Büchern in verschiedenen Sprachen. Bücher zuletzt: „Der Ruf des Hototogisu – Grundbausteine des Haiku", Teil I (2019), Teil II (2020) sowie „Stimmen der Steine – Voices of Stones – Voix de pierres – Voces de piedras", 2020, im Allitera-Verlag.

**Zeller, Birgit**, *1977, lebt in Stuttgart und arbeitet als MTA. In ihrer Freizeit ist sie fotografisch-künstlerisch tätig. Netzpräsenz: birgit-zeller.de

**Zeraschi, Romano**, *1947, lebt in Parma und Cinque Terre. Abschluss in Soziologie. Schreibt Haiku, Haibun, Haiga und Kikobun.

**Ziesemer, Iris**.

**Mitgliedschaften**: Viele der Autoren sind Mitglieder der Deutschen Haiku-Gesellschaft (DHG: haiku.de). Im einzelnen aufgeführt wurden, sofern von den Autoren erwähnt, nur Funktionsstellen in dieser literarischen Gesellschaft. Mitgliedschaften in anderen Gesellschaften wurden, soweit literarisch interessant, alle genannten aufgeführt.

**Bücher**: Viele der Autoren haben Bücher veröffentlicht. Zwei davon konnten oben aufgeführt werden. Den aktuellen Stand zeigen Buchversande oder die Deutsche Nationalbibliothek.

## Edition Blaue Felder

Das ist der Produktionsverlag von Volker Friebel. Hier erschienen folgende Haiku-Jahrbücher:

2003: Gepiercte Zungen: 153 Haiku von 37 Autoren.
2004: Der Lärm des Herzens. 142 Haiku von 35 Autoren.
2005: Worte für die Wolken. 100 Haiku von 36 Autoren.
2006: Feine Kerben. 163 Haiku von 55 Autoren.
2007: Große Augen. 226 Haiku von 60 Autoren.
2008: Lauschen der Bach. 108 Haiku von 53 Autoren.
2009: Spuren der Wasserläufer: 187 Haiku von 68 Autoren.
2010: Kirschblütenwind: 314 Haiku von 94 Autoren.
2011: Regler ins Weiß: 352 Haiku von 98 Autoren.
2012: Träume teilen: 387 Haiku von 111 Autoren.
2013: Entropie der Worte: 500 Haiku von 111 Autoren.
2014: Unter dem Milchschaumherz: 591 Haiku von 109 Autoren.
2015: Zwiegespräch mit dem Irrlicht: 606 Haiku von 120 Autoren.
2016: Südwind: 596 Haiku von 115 Autoren.
2017: Leichte Fracht: 556 Haiku von 116 Autoren.
2018: Morgennachrichten: 553 Haiku von 116 Autoren.
2019: Honigspur: 604 Haiku von 121 Autoren.
2020: Nebelland: 647 Haiku von 123 Autoren.
2021: Quarantäne unter Sternen: 598 Haiku von 129 Autoren.

Außerdem hingewiesen sei auf das Grundlagenwerk: Volker Friebel (2019): Das Haiku. Grundwissen – Vertiefungen – der Horizont.

Alle Bücher können im Buchhandel oder auf www.volker-friebel.de/bestellen bestellt werden. Letztere Adresse liefert auch die Haiku-Jahrbücher, die derzeit nicht im Buchhandel erhältlich sind. Freie pdf-Versionen aller Haiku-Jahrbücher gibt es auf www.haiku-heute.de/jahrbuch